JN439519

창간호/ 2012

아가위수필문학회

아가위나무 아래에서

회장 김동식

재작년 가을, 이름도 낯선 아가위나무 열댓 그루를 옮겨 정원을 꾸몄습니다.

이곳저곳에서 제멋대로 자란 나무들, 키도 다르고 몸피도 제각각이었죠. 그래도 장미과라던가요. 듬성듬성 심어놓은 모양새가 정원 구실을 하려면 한참 걸리겠구나 하고 생각했습니다.

이 정원에 마법의 가위손이 함께했다는 사실은 이들에게 축복이었습니다. 자르고, 묶고, 다듬고, 가위손의 솜씨는 눈부셨습니다.

눈과 비, 그리고 햇살. 세월이 흐른 어느 날 나무마다 무리지어 피어난 꽃, 순백의 환희. 무심하던 이웃도 옆길을 오가던 이들도 환한 정원의 모습에 입을 다물지 못했습니다.

꽃 지고 잎이 무성하더니 붉은 열매가 송이 지어 맺혔습니다.

순백의 향기와 열정의 빛깔을 뽐내는 열매에 깃든 삶의 이야기를 창간호로 묶었습니다. 2년이 채 안 되는 짧은 세월의 성취를 부끄러움보다 보람으로 삼고 싶습니다.

이젠 서른 그루 남짓의 아가위나무로 제법 빼곡한 정원, 굳게 버티고 선 둥치와 그 위로 힘차게 뻗은 가지들의 모습이 스스로 대견스럽습니다.

오늘의 이 대견한 모습을 갖추게 하신 손광성 선생님께 깊은 감사를 드립니다. 소담스런 창간호를 엮느라 애쓴 편집장, 편집위원, 우리 아가위수필문학회 회원들의 노고에 감사한 마음을 전합니다.

차례

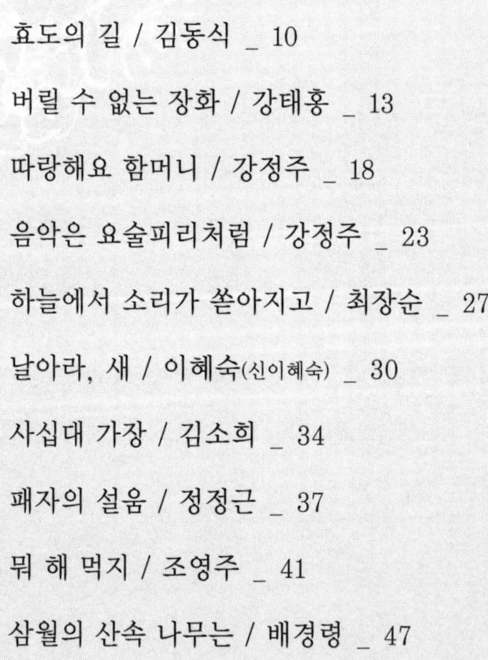

아가위

2

차례

3

아가위

4

차례

5

1

김동식

강태홍

강정주

최장순

이혜숙
(신이혜숙)

김소희

정정근

조영주

배경령

효도의 길

김동식
markdskim@daum.net

중3 때였던가. 경희궁 뒷동산이 연초록으로 잔물결 치던 어느 날 체육대회가 열렸다. 나는 키도 훌쩍하고 몸매도 가볍게 생겼지만 체육만은 아주 질색이었다. 하이네를 끼고 다니거나, 윤동주나 김소월을 읊는 사람, 고매한 문사文士의 길을 가려는 사람, 그런 사람에게 거칠고 위태해 보이는 체육 같은 것은 애당초 취향이 아니었다. 체육시간만 되면 운동 좋아하는 놈을 구슬러 그와 반 당번을 바꾸곤 할 때였는데, 딱 걸렸다.

우리 반이 했던 경기는 100m 달리기였다. 그냥 달리기가 아니라 중간 25m지점마다 띄엄띄엄 놓아둔 교복 윗도리, 바지, 모자를 달리며 입어야 하는 경기였다. 뛰는 것도 신통치 않은데다 행동까지 굼뜨니 등수에 드는 것은 애초부터 가망이 없는 얘기였다.

8명이 한 조가 되어 뛰었다. 나는 6, 7등쯤 했다. 1, 2, 3등만 남아 1, 2, 3 숫자가 쓰여 있는 깃발 뒤에 서고 나머지 5명은 퇴장을 해야 했다. 퇴장 길에 들어선 나는 불현듯 엄마와 형수님 모습이 떠올랐다. 제발 오지 말라고 그렇게 말렸건만 엄마는 장한 내 아들 뛰는 모습을 봐야 한다며 고집을 부리셨다. 도시락 싸들고 갓 시집 온 형수까지 대동하고 스탠드 어딘가에 앉아 있을 두 분의 모습을 생각하니 앞이 캄캄했다.

아, 어떻게 두 분에게 빈손으로 가 도시락을 같이 먹을 건가. 어깨를 늘어뜨리고 퇴장하는 아이들 중 두 명의 손을 잡아끌었다.

"너희들 가지 말고 날 따라와."

둘은 멍한 얼굴로 내 손에 끌려 주춤주춤 따라왔고 나머지 둘은 '돈 놈 아냐' 하는 표정으로 고개를 갸웃거리며 떠났다. 1, 2, 3등 깃발 뒤에 삼열 종대로 정연히 서 있는 대열 끝으로 두 아이들을 데리고 가서 내가 1등 자리에, 두 명은 2, 3등 자리에 세웠다. 우리 조에선 1, 2, 3등이 두 팀 생기게 된 것이었다. 아무 데도 감시의 눈은 없었다.

세상사 모든 일이 순조롭기만 한 법은 없었다. 가짜 1등 자리에 불안에 떨며 엉거주춤 서 있는 내게 바로 앞에 서 있던 진짜 3등을 한 놈이 다가왔다.

"야, 너 나하고 자리 바꿔" 하며 얼굴이 벌게서 대드는 것이 아닌가.

"짜식, 바꾸긴 뭘 바꿔. 그냥 그대로 서 있어. 그래도 진짜 3등이 좋은 거야."

잠시 생각하더니 제자리로 가버렸다. 가짜 1등보다 진짜 3등을 지킨 착한 친구, 두고두고 복 받았을 거다.

1등은 큼지막하게 '賞'자가 찍힌 대학노트 세 권이었다. 엄마와 형수를 찾아 호기롭게 뛰어갔다. 막상 두 분을 만나 "여기, 1등상" 하며 노트를 내밀 때 좀 전의 호기는 어딜 갔을까. 세 권의 공책 무게가 천 근은 되는 듯했다. 활짝 웃으며 반기는 엄마의 눈길을 마주 보기가 어찌나 힘들던지. 아무 말 없이 엷은 미소로 바라보는 형수의 태도도 마음에 걸렸다.

정성들여 싸오신 도시락을 펼쳐놓고 먹는 내내 나는 입 속으로 주문처럼 외우고 있었다.

"너는 효도의 길을 가고 있는 거야. 효도의 길은 원래 이렇게 어렵고 험한 거야."

제2012-28호

멋져부려 상

김동식

위 사람은 겉으로는 병아리 솜털 같은 부드러움으로 회원들을 무장해제하고 편안하게 해주지만, 매의 눈과 독수리의 발톱 같은 예리하고 단호한 결단력으로 아가위문학회의 출발부터 지금까지 이끌어준 공로에 감사드리며 이 상장을 수여합니다

2012년 7월 5일

아가위수필문학회

버릴 수 없는 장화

강태홍
teahong55@daum.net

신발장에 가득한 신발 중에서 내가 매일 찾는 것은 고무장화다. 어떤 구두는 일 년에 한 번, 한 철에 한 번 신는 것도 있지만 장화는 이른 봄부터 시작하여 매일 신는 신발이다.

장화를 즐겨 찾게 된 것은 서울을 떠나 전원생활을 시작하면서부터였다. 처음 시작한 조그만 텃밭에서는 그럭저럭 운동화를 신었지만, 점점 넓어져 가는 밭을 운동화로는 감당할 수 없었다. 까마득히 잊고 있었던 그것을 생각해낸 나는 신발가게를 기웃거렸다.

사십여 년 만에 다시 찾은 장화는 예전 것과는 달랐다. 날렵한 모양에 알록달록한 색과 무늬, 굽까지 있어서 장화라기보다는 멋내기용 부츠 같았다. 그러고 보니 작년에는 비가 오지 않는 날에도 장화를 신는 멋쟁이들이 많았다. 유행이 장화까지 변화시킬 줄은 몰랐다.

다양한 장화 가운데서 한참 만에 목이 짧은 장화를 발견했다.

색이 산뜻하고 모양도 둔탁하지 않은데다 발에도 잘 맞았다.

봄볕이 따뜻해질 무렵 장화를 신고 밭에 나가면 꽃신을 신은 듯 가슴이 부풀었다. 지난 가을 수확 후 남았던 마른 검불을 말끔히 거두는 일부터 시작하여 흙을 파고 일구는 데도 이것만 신으면 씩씩해졌다. 비가 와서 질척거리는 밭을 호기있게 밟으며 잡초를 뽑고 호미로 흙을 파고 일구는 일에도 거칠 것이 없었다. 수확 철에 배추와 무를 뽑거나 고구마를 캘 때도 안성맞춤이었다. 마치 말 잘 듣는 머슴을 데리고 나선 듯 든든해서였다. 그러니 남편 없인 살아도 장화 없인 못 사는 정도가 되었다.

장화를 벗어 흙을 털 때면 지금처럼 장화가 필요했던 시절이 떠오르곤 한다.

오십여 년 전, 서울 한복판에서 오밀조밀 판잣집에 살던 사람들은 하루아침에 트럭에 실려 서울 변두리 허허벌판에 내쫓겼다. 그곳은 한강을 건너 멀리 떨어진 황량한 벌판이었다. 발버둥쳐도 소용없었다. 계고장戒告狀 한 장에 말 한마디 못하고 내몰렸다. 바람이 지독하게 불던 겨울, 이삿짐과 함께 우리 가족은 트럭에 실려 갔었다. 셋방을 벗어나 겨우 장만한 우리 집, 어머니가 매일 쓸고 닦고 기쁨을 함께한 집이 강제로 철거되어 쫓겨 갔을 때의 어머니 심정은 어떠했을까. 어머니는 그 경황 중에도 딸이 이사한 집을 찾지 못할까봐 발을 동동 굴렀다고 했다. 내가 직장에 간 사이 일어난 일이었기 때문이었다. 전화기도 제대로 없던 때라 어떻게 집을 찾았는지 기억에 없다.

그곳은 마누라 없이는 살아도 장화 없이는 못 산다는 구로동 벌판이었다. 비가 오지 않는 날에도 출근할 때는 버스 정류장까지는 장화를 신고 가야 했다. 구두에 들러붙는 진흙 때문이었다. 그러니 우산과 장화를 챙기지 못한 날은 어김없이 어머니가 우산과 장화를 들고 버스 종점에 나와 계셨다. 어머니는 한 시간이건 두 시간이건 딸이 돌아오기를 목을 빼고 기다렸다. 우리 어머니뿐만 아니었다. 남편을 기다리는 아낙, 아들을 기다리는 아저씨, 영락없이 한 손에 우산, 한 손에는 장화를 들고 서서 기다렸다. 버스에서 내리는 수만큼 기다리는 사람 수도 거의 같았다. 장화를 신지 않고는 걸을 수 없었던 길, 장딴지까지 빠지는 흙탕길은 바짓가랑이를 올려도 벌건 흙이 묻고 발이 빠지면 뺄 수 없었다.

어느 날 오후부터 세찬 비가 내렸다. 양동이로 쏟아붓듯 내리는 비로 땅바닥은 강물처럼 넘실거렸다. 그날도 버스에서 내리면 으레 어머니가 장화와 우산을 들고 서 있으리라 여겼는데, 어머니가 보이지 않았다. 혹시 하면서 아무리 기다려도 어머니는 오시지 않았다. 세차게 내리는 비는 조금도 수그러질 기세가 아니었다. 난감했다. 할 수 없이 하이힐을 벗어 한 손에 들고 다른 손으로 치마를 걷어올려 쥐고 한 발을 떼었으나 금방 속치마까지 흙탕물에 닿았다. 아예 핸드백을 머리에 올리고 걸음을 옮겼다. 수치심 때문에 빨리 걸으려 했으나 걸음은 생각만큼 앞으로 나아가질 않았다. 갯벌이 따로 없었다. 두 팔은 저리고 발은 디딜 때마다 아팠다. 나는 집안에 들어서자 들어줄 사람도 없는데 소리내어 울어버렸다.

그렇게 장화와 인연을 맺은 지 삼 년 만에, 나는 드디어 그 진흙탕으로부터 탈출하였다. 깨끗하고 넓은 길, 고급 주택이 있는 필동으로 시집을 갔다. 장화 없이도 살 수 있는 아스팔트가 깔린 주택가, 굽 높은 하이힐을 신고 시내를 누벼도 좋으리라. 그 후 여러 차례 이사했으나 장화는 두 번 다시 필요하지 않았다. 도시는 골목길까지 아스팔트가 깔려 있었고 강남에는 아파트가 우후죽순처럼 생기면서 장화는 자취를 감추었다.

그렇게 장화는 내 기억에서 멀어졌다. 전원주택으로 들어오기 전까지는 장화를 다시 찾을 줄은 몰랐다. 더욱이 매일 찾아 신으며 애지중지 여기게 될 줄이야.

언 땅이 녹아 질척거릴 때나 눈이 발목까지 빠질 때도 신었던 장화는 밑창이 갈라져 물이 새어 들어왔다. 땜질이라도 하고 싶었지만, 막상 수선 집에 가져가려니 궁상맞아 보일까봐 새로 사기로 했다. 그러나 새 장화를 사려니 유행에 앞서가는 장화는 내가 원하는 것이 아니었고, 정든 장화만큼 마음에 드는 것이 없었다.

마지못해 새로 장만을 했지만 오래된 장화를 버릴 수가 없어서 신발장에 자리를 마련해주었다. 남 보기엔 버려질 것에 불과하지만 내겐 함께한 시간만큼 소중한 장화이기 때문이다. 장화를 신고 밭에서 일을 하다보면 아련하게 피어나는 옛 추억이 그 속에 들어 있다는 것을 아는 사람이 없다 해도 말이다.

소중하고 필요한 것이 장화뿐이랴. 값의 고하는 물론 희귀한 것이 아니라 해도 비할 수 없이 소중한 것이…. 지금 나와 함께하는 것들, 사람들. 혹은 추억으로 남은 물건, 또 그때 그 사람들 모두가 소중한 것이다.

제2011-2호

왕언니 킹왕짱 상

강태홍

위 사람은 훈훈한 눈빛과 봄바람 같은 미소로 아가위문학회의 후배들에게 칭찬과 격려를 아낌없이 팍팍 나눠줄 뿐 아니라 존재 자체로 우리 문학회의 품위를 높여주시는 분이기에 킹왕짱 왕언니로 존경하며 부상으로 종합선물세트와 함께 이 상장을 수여합니다

2011년 8월 25일
아가위수필문학회

따랑해요 함머니

강정주
j-j-kang@hanmail.net

내 외손녀 송원이, 고 귀여운 것. 이제 두 돌하고도 몇 달이 지났다. 아직 발음은 부정확하지만 문장을 제법 구사할 줄 안다. 밥 먹을 때 내 무릎에 앉아 먹겠다는 말을 하는데 할미가 못 알아들으면 안타까워 야단난다. 아직 '시옷' 발음이 잘 안 되는 송원이는 자기 이름을 '또워니', 선생님은 '떤댕님'이라고 한다.

"또워니 노래 하께요, 펴펴 누니 옴다~ 하느레서 누니 옴미다…."

"사가가튼 내 어구~ 이쁘기도 하죠~ 눈도 빤딱 코도 빤딱…."

눈과 코에 손가락을 대고 앵두 같은 입술을 쏙쏙 내밀며 잘 되지도 않는 발음으로 노래 부르면, 그 재롱이 귀여워 할미는 껌벅 죽는다. 나는 구식 할미답게 송원이의 외증조할머니가 나에게 가르쳐준 어릴 적 노래를 불러준다.

"가을바람 찬바람에 울고 가는 저 기러기~"

송원이는 팔을 돌려가며 '구리 구리' 하는 대목을 아주 잘 따라 한다. 무릎에 앉혀 놓고 「섬 집 아기」 노래를 부르며 등을 쓸어주면 가만히 내 품에 안겨 따라 부른다.

가끔 송원이만 할 때의 내 처지를 떠올려 본다. 이제 나이든 언니들은 한국전쟁 후의 그 시절 얘기를 하면 지금도 눈물이 어린다. 어릴 적 내 모습이 가여워져 나도 눈시울이 붉어진다. 1·4 후퇴로 엄마 등에 업혀 피난을 내려올 때, 어린 나는 배가 고파 굴뚝만 보면 손으로 가리키며 밥을 달라고 했단다. 우리는 황해도에서 아버지는 못 내려오시고 어머니가 다섯 명의 자식들을 데리고 내려오셨다. 피난민 열차에서는 화통이 있는 부근에 타서 그리 춥지 않게 내려왔다고 했다. 내려오는 도중 한 번은 이산가족이 될 뻔도 했다. 기차가 잠깐 서 있는 사이 엄마는 먹을 것을 구하려고 기차에서 내렸다. 그리고 엄마가 미처 타기도 전에 기차는 떠나고 있었다. 차에 타고 있던 오빠는 손을 흔들고 엄마는 소리쳤다.

"이리에 가서 기다려!"

다행히 나는 따뜻한 엄마 등에 업혀 있었다. 다음 기차로 이리에 도착했을 때 열네 살의 똘똘했던 오빠는 여동생 세 명을 데리고 역에서 기다리다가 엄마와 상봉을 했다고 한다.

송원이는 그림책 보기를 좋아한다. 언젠가 한 권을 다 읽어주고 나니 벌떡 일어나 엉덩이를 쓱 내밀며 손바닥을 펼쳐든다.

"또끔만 기다려, 당깐."

표정이 진지하다. 그러더니 자기 방에 가서 끙끙거리며 책을 한 아름 들고 나타난다. 아기의 책 사랑이 너무 귀엽다.

엄마 아빠가 늦게 온 언젠가는 송원이에게 고문까지 당했다. 요것이 밤 열 시가 다 되도록 잠잘 생각을 안 했다. 살살 달래어 업고 잠자리에 뉘었는데 옆에 있던 그림책을 꺼내어 읽어 달랬다. 손녀가 읽어 달라는데 어쩌랴. 갖은 정성으로 성우처럼 구성지게 읽어주었다. '이제 자자' 했더니 또 한 권을 꺼내들었다. 목도 아픈데 늦도록 읽어달라니 힘들었지만 어쩌랴, 또 정성껏 읽어주는 수밖에. 겨우 다 읽고 이제 그만 잤으면 좋겠는데 또 한 권을 집어 들었다. 점점 딸과 사위가 원망스러웠다.

"할머니 힘들어, 그만 자자." 하니 그 예쁜 눈망울에 눈물이 글썽거렸다.

"알았다, 알았어. 아이고…."

그림책 읽어주는 소리는 잦아들어갔다. 급기야 또 한 권을 꺼내드는 것이었다. 결국 아비한테 전화를 걸어 사정을 얘기하니 처방을 알려주었다.

나는 예쁜 송원이를 쳐다보았다. 눈을 말갛게 뜨고 할머니가 뭐라 하려나 쳐다보는 것이었다.

"송원아, 늑대가… 나타났어!"

재빨리 불을 끄고 팔에 안고 다독이니 꼼짝도 안하고 금방 잠이 들었다. 잠드는 게 순간이었다. 그런데 아빠의 처방전은 자주 쓰면 안 될 것 같았다. 늑대가 무서워 자느니 차라리 내가 고문당하는 게 낫지.

단군 이래 제일 잘 산다는 시대에 태어난 송원이에 비하면, 내 어린 시절은 전쟁과 함께 시작되었다. 하루는 피난길에 밥을 해먹고 있었는데, 옆자리에는 자식 없는 노부부가 있었다고 한다.

"거, 딸 삼아 키우가씨다."

그 노부부는 엄마에게 다섯 아이가 딸린 우리 식구들이 딱해 보였던지 막내인 나를 달라고 했단다. 우리 엄마가 누구인가. 어찌 막내딸을 남에게 맡길소냐.

"내가 이런 자식 어디 있으문 하나 더 데려오가씨다."

이런 말을 들을 때마다 난 엄마의 딸인 것이 좋았다. 이리에 도착해서 피난민들은 한동안 수용소 생활을 했다고 한다. 그곳에 사는 동안 나는 뒤뚱거리며 걸어가 풍로 위에 굽고 있는 옥수수를 집으려다 손가락을 데기도 하고, 한동안은 무슨 병인지도 모르게 아파서 걷지도 못했다고 한다. 어린 딸을 업고 의원을 찾아다니고 교회에서 기도를 하는 엄마가 눈에 선하게 그려진다. 전쟁의 그 모진 시련을 견디며 다섯 자식들을 키워낸 어머니의 힘은 어디서 온 것일까.

휴전이 되어 우리 식구는 서울로 올라와 서대문구 충정로에 자리를 잡았다. 하루는 먼 곳에서 요란한 꽹과리 소리가 들려왔다. 창밖을 내다보니 아랫동네에서 울긋불긋한 옷을 입은 사람이 춤을 추는데 사람들이 많이 모여 있었다. 무당이 굿을 하고 있는 장면이었다. 나는 꽹과리 치는 소리가 무서워 엄마 품에 달려갔다. 엄마는 나를 안아 주시며 말했다.

"예수님 믿으면 무서운 게 하나 없어…."

그랬다. 지금 생각해 보면 엄마는 그 막막한 날들을 신앙심으로 두려움 없이 자식들을 키우신 것이리라.

내 어린 시절엔 혼자 빈 집을 지킬 때가 많았다. 엄마가 나가기 전 누워 있는 나에게 이불을 덮어주시면, 난 그 온기를 그대로 느끼고 싶어 움직이지도 않고 가만히 있곤 했다. 비록 그림책은 없었지만 밤이 되면 엄마는 나를 품에 안고 잠들 때까지 재미있는 '옛날 얘기'를 해주셨다. 아무것도 가진 것 없었지만 내가 불행하다고 느껴보지도 않았다. 오히려 그때의 결핍이 나로 하여금 꿈꾸는 사람이 되게 한 것 같다.

나는 송원이가 지금처럼 앞으로도 노래와 책을 사랑하는 아이로 컸으면 좋겠다. 그래서 물질보다는 정신의 가치를 소중히 여기는 사람이 되기를 바란다.

"함머니, 따랑해요."

환하게 웃으며 송원이가 말한다. 나도 웃으며 말한다.

"하늘만큼 땅만큼 할머니도 송원이 사랑해."

음악은 요술피리처럼

강정주

해마다 연말이면 베토벤의 교향곡 9번을 듣기 위해 음악회장을 찾는다. 언제부터인가 이 일은 나의 한 해를 마무리하는 행사가 되었다.

지상의 길을 위해 지도와 나침반이 있듯, 마음의 길을 찾기 위해 나에겐 음악이 필요하다. 때로는 짧게 때로는 길게 또 때로는 기쁘게 때로는 슬프게 굽이치는 마음 길. 음악은 요술피리처럼 그 수많은 갈래의 길로 나를 안내해 준다. '홈 스위트 홈'을 들으면 어릴 적에 언니들과 시끌벅적대며 부침개 지져 먹던 시절이 생각난다. 우리 가곡 '그 집 앞'을 들으면 한 여인을 짝사랑하던 오빠가 생각난다. 이제 이 세상에 없는 오빠는 이북에 두고 온 고향이 그리울 때면 '꿈속에 그려라 그리운 고향'으로 시작되는 드볼작의 '고잉홈'을 자주 흥얼거리곤 했다. 지금도 그 곡을 들으면 어디선가 오빠가 걸어올 것만 같다.

지난 시절 나에게도 외로울 때면 혼자 부르곤 하던 노래가 있다. 슈베르트의 연가곡 「겨울 나그네」 중에 다섯 번째 나오는 곡이다.

"성문 앞 우물 곁에 서 있는 보리수…."

이렇게 조용히 부르고 있으면 나는 어느덧 내가 바라는 가장 아늑하고 따뜻한 고향의 품에 안기는 기분이 되곤 했다.

대학 시절 광교에 있던 감상실 아폴로를 자주 다녔다. 아, 그때 슈베르트의 아르페지오네를 흥얼거리던 그 사람은 지금 어디에 살고 있을까. 이젠 머리 위에 성에가 하얗게 내려 있겠지. 그 긴 세월을 생각하면 지금도 가슴이 뻐근해진다. 잊을 수 없는 음악감상실 아폴로, 필하모니, 르네상스 그리고 클래식이 흐르던 다방 훈목, 빅토리아, 이삭, 빠리. 이 이름들은 내 청춘의 방황과 슬픔과 외로움의 다른 이름이기도 하다.

내가 교직에 몸담고 첫 월급을 타던 날, 나는 종로에 가서 우리나라에 처음 나온 천일사의 별표 전축을 할부로 샀다. 그리고 그즈음에 나오기 시작한 유명 연주자의 라이선스 레코드판을 한 장씩 모으기 시작했다.

초기에 샀던 판 중에 베토벤의 '코랄 판타지아'가 있다. 9번 심포니를 작곡하기 위해 먼저 써보았던 작품이라고 한다. 헤드폰을 끼고 듣다가 나도 모르게 지휘까지 하고 있었다. 엄마가 그 모습을 보고는 한마디 하셨다.

"그게 그렇게 좋니?"

그때의 정경이 한 컷의 사진처럼 생생하다. 삶이 나에게 준 가장 큰 선물은 음악이 아닐까. 이제는 추억이 돼 버렸지만 그때 한 장 한 장 사 모았던 LP판들을 아직도 간직하고 있다.

음악을 들으며 '보이지 않는 것이 가장 아름답다'고 생각해 본다. 음악은 보이지도 않고 만질 수도 없는, 청각에 의해서만 느낄 수 있는 예술. 가장 추상적이기에 가장 아름다울 수 있지 않을까. 음악이 주는 감동은 곡 자체가 갖는 아름다움, 그것을 표현할 줄 아는 연주 실력, 듣는 사람의 이해와 몰입도에 있다고 할 수 있겠다. 이 세 가지 중 하나라도 빠져서는 그 감동을 진하게 느낄 수 없다.

내가 다시 태어난다면 분위기 좋은 교향악단의 단원 중 한 사람이 되고 싶다. 단원이라면 독주자가 갖는 부담도 덜할 것 아니겠는가. 현악기의 울림을 무엇보다 사랑하므로 바이올린이나 첼로를 연주하면 더 좋을 것이다. 환한 조명 아래 박수갈채를 받으며 진지한 자세로 브람스를 연주하고 모차르트를 연주할 수 있다면…. 아름다운 선율의 항해를 계속해 나갈 수 있다면 얼마나 행복한 일일까. 그러나 아름다운 음악을 마음껏 부담 없이 누릴 수 있는 지금도 얼마나 감사한지!

지난 연말 예술의 전당에서 들었던 베토벤의 교향곡 9번이 생각난다. 3악장을 들을 때, 내 젊었던 시절의 아련한 슬픔이 묻어나오며 눈물이 볼을 타고 한없이 흘러내렸다. 청력상실의 고통 속에서 가혹한 운명을 불굴의 의지로 이겨낸 그는 4악장에서 비로소 인간 승리와 환희를 노래할 수 있었다. 지금도 그 합창이 들리는 듯하다.

환희여, 아름다운 신의 광채여, 낙원의 딸들이여
우리 모두 정열에 취해 빛이 가득한 성소로 들어가자 !
가혹한 현실이 갈라놓았던 자들을 신비로운 그대의 힘으로 다시 결합시키는도다.
그리고 모든 인간은 형제가 되노라. 그대의 부드러운 날개가 머무르는 곳에….

제2011-3호

정체 궁금 상

강정주

위 사람은 차가운 듯하지만 뜨겁고 빈틈없는 듯하지만 털털하고 밀밭 근처는 얼씬하지도 않을 것 같으나 알고 보면 밀밭 농장주이며, 알아갈수록 그 매력이 빙산의 일각임을 느끼게 하는 분이기에 계속 궁금함을 풀어가는 즐거움을 전하며 이 상장을 수여합니다

2011년 8월 25일
아가위 수필 문학회

하늘에서 소리가 쏟아지고

최장순
jschoi0426@daum.net

느닷없는 앰뷸런스 소리가 한낮을 질주하고 있다.

평온하던 물살에 불안한 파문이 일고 벌에 쏘인 듯 길은 벌겋게 달아오른다. 몸은 즉시 촌각을 다투는 위급함을 읽는다. 응급차 속에 누워 있을 고통스런 얼굴이 그려지고 가쁜 호흡이 전해 와 나도 모르게 가슴에 손을 얹어본다.

소리가 점차 희미해지고, 길은 다시 아무 일 없다는 듯 흘러간다.

문득 세상은 소리로 가득 차 있으며 그 소리로 우리는 소통하고 있다는 생각을 한다. 특정한 소리는, 소리를 경험한 특별한 느낌과 연결되어 있고 몸은 그 소리에 반응하는 것이다. 굳이 언어로 표현하지 않아도 몸이 먼저 받아들이는 것이다.

오래도록 가슴에 남는 좋은 소리는 울림이 있다.

어느 여름날의 저녁답, 전나무 숲길에서 들었던 북소리. 소리는 오대산 골짜기를 큰 울림통으로 만들고 있었다. 진공청소기에 먼지가 딸려 들어가듯 소리에 온몸이 빨려들었다. 소리의 발원지는 월정사 앞뜰이었다. 아침저녁의 예불 시간, 불전사물을 봉안하기 위해 의식을 치르는 종고루. 그곳엔 법고, 목어, 운판, 범종이 어우러져 부처님의 진리를 소리로 전하고 있었다. 소리는 바로 깨우침이었고 모든 생명을 향한 설법이었다. 비로소 나는 우주의 한 부분이 된 듯 소리 속에 묻혔다. 그리고 그 울림으로 잠시 새롭게 태어난 기분이었다.

소리는 모두 외부에서 온다고 생각하지만 내부에서 찾는 소리도 있다.

나는 죽음의 그림자가 유령처럼 떠돌던 그날을 잊지 못한다. 사방은 어둠으로 막혀 있고 생명으로 연결되는 한 줄기 빛마저 끊어지려는 절망의 순간, 불현듯 하늘이 보고 싶어졌다. 그것만이 빛을 볼 수 있는 유일한 방법이라고 생각했다. 간신히 병상에서 일어나 창가로 갔다. 어떤 간구의 말도 구차했다. 그저 무거운 눈꺼풀을 들어 창밖을 올려다본 것이 전부였다. 그때, 우레와 같이 들려오던 하늘의 소리. 그 소리는 내 정수리로 쏟아져 온몸으로 퍼져갔다.

"두려워 말라."

마치 신세계 교향곡처럼 소리는 전달되었고 내 몸이 반응하기 시작했다. 그때부터 나를 에워싸던 어둠은 서서히 사라졌다.

지금도 감동으로 다가오던 소리는 잊혀지지 않는다.

월정사 숲의 북소리처럼 죽음의 그림자를 쫓아낸 하늘의 울림.

가끔 그 소리들을 연상하면 기분이 좋아지고 마음이 숙연해진다. 몸에 쟁여놓은 기억만으로는 아쉬워서일까, 요즘 다시 그 소리를 듣고 싶다.

제2011-6호

끈끈한 상

최장순

위 사람은 끈 없는 구두는 신어본 적이 없다는 말만 들으면 늘 단단히 조여매고 사는 분으로 보일 수도 있지만 알고 보면 마음의 끈은 느슨하게 풀려 있으며 그 끈이 아가위문학회의 결속을 위한 끈임을 우리 모두 알기에 든든한 마음을 전하며 부상으로 스카치테이프와 함께 이 상장을 수여합니다

2011년 8월 25일
아가위 수필 문학회

날아라, 새

이혜숙(신이혜숙)
purelhs@hanmail.net

마당에서 무언가에 걸려 넘어질 뻔했다.

죽은 새다. 참새보다는 크고 비둘기보다는 작은데 날개가 잿빛이어서 알아보지 못한 것이다. 누가 왔다가 밟기라도 할까봐 발끝으로 툭 쳐서 화단 쪽으로 밀어놓고 걸음을 재촉한다. 몇 발자국 가지도 않아 발에 방금 전 찼던 새의 감촉이 느껴진다. 아무리 바빠도 발로 차버리는 게 아닌데.

집에 돌아와 구석에서 죽은 새를 찾는다. 직박구리다.

몸통은 상한 데가 없는데 아주 가볍다. 한 쪽 눈알도 없다. 눈을 다쳐 날 수가 없었을까. 아니면 죽은 후에 다른 짐승이 건드린 것일까.

직박구리의 날개를 펴본다. 망가진 부챗살처럼 주르륵 도로 접힌다. 오그라진 발가락 사이로 손가락을 나뭇가지인 양 넣어보기도 한다. 그러나 죽은 새는 그것을 움켜잡지 못한다.

이미 움직이지 못할 것을 알면서도 나는 새를 세워보기도 하고 만져보기도 한다. 무엇이 내 마음을 잡아 한참이나 새를 손에서 내려놓지 못하게 하는지 알 수 없다. 결국 도로 풀섶에 놓고 들어올 거면서.

울타리 가 조팝나무에 앉아 있던 박새 몇 마리가 기척에 놀라 후다닥 다른 가지로 날아간다. 목련나무에 다닥다닥 앉아 얼핏 희고 검은 꽃처럼 보였던 까치들도 박새가 날자 일제히 날아오른다.

새는 늘 그랬다.

쫓을 생각이 없는데도 언제나 쫓긴다. 한 번도 앉은 자리에서 편한 적이 없어 보인다. 눈동자를 불안하게 굴리면서 꽁지를 까딱까딱 까불리면서 도망갈 궁리부터 한다. 어쩌다 벌레 한 마리를 물고 있어도 편히 먹지 못한다. 새의 다리는 제 몸통을 지탱하기에도 턱없이 가늘어 앉아도 균형 잡기가 힘들어 보인다. 그나마 그 다리 없이는 어디에도 앉을 수 없을 텐데, 앉아 있는 시간마저 늘 쫓긴다.

하늘을 나는 새를 보면 자유로워 보인다고들 하는데, 내 눈에는 고단하게만 보인다. 공중에서 나는 시간이 더 많은 새. 둥지라고 해봐야 알을 낳고 부화시키기 위한 임시처일 뿐, 그곳은 오래 머물 수 있는 쉼터는 아니다.

나는 새를 보면 즐겁지 않았다. 새가 지저귀는 소리가 노래로 들리지 않고 울음소리로 들렸기 때문에 귀도 닫고 싶었다.

나도 한때는 '비상'이라는 단어를 자유와 꿈의 상징으로 생각했다. 단단하고 넓은 날개로 어디로든 갈 수 있는 자유. 더 높이 오르려는 꿈. 바람에 저항해 맞서야 하는 것은 날갯죽지의 단련일 뿐, 그것이 시련이라고는 생각하지 않았다. 잠시 날개를 접은 새는 또 다른 도약을 위해 쉬고 있는 것이고, 새가 내는 소리는 노래라고 생각했다. 나는 '자유'로운 '비상'을 '꿈'꾸는 어린 새였다.

그러나 삶이라는 하늘은 늘 푸른 것만이 아니었고, 현실이라는 바람은 만만히 맞설 상대가 아니라는 것을 오래지 않아 알았다. 녹여버릴 듯 뜨거웠다가 무수한 바늘로 찌르듯 에였다가 어둠이 쉬이 걷히지 않는 밤도 되풀이되었다. 훈풍, 미풍을 만날 때보다 날개를 찢어버릴 것 같은 광풍을 만나 뒷걸음질 칠 때도 많았다. 어쩌다 쉴만한 나무를 찾아도 더 큰 새에 쫓겨 다른 가지로 옮겨 다녀야 했다. 노래를 부를 여유가 없었다.

비상 속에 꿈이 있다는 것은 남보다 높이 올라가려는 욕심을 미화한 말에 불과하다는 것을 늦기 전에 알게 된 것이 오히려 다행이다 싶었다.

날개를 접어 버리니 마음이 편했다. 넓은 하늘이 아니라도 새장 속도 살만 했다. 먹을 게 있고 편히 잘 수 있으면 되지, 애써 바람과 대항할 필요가 있을까. 욕심을 버렸다고 생각하니 갈등도 없었다.

그런데 아침부터 발끝에 들러붙은 느낌, 집에 돌아와 굳이 죽은 새를 찾았던 이유, 그것을 한참 동안 손 안에 올려놓고 바라보았던 행동을 어떻게 설명한단 말인가. 직박구리는 이제 고단한 비행을 끝냈으니 편안해졌을 거라고 생각하면 그만 아닌가. 그렇다면 새가 살았던 동안이 온통 힘겨운 싸움이기만 했을까.

눈알이 빠진 새. 내가 한참을 바라보는 사이, 어느새 빈 그 자리에는 유채꽃의 노란 물결이 가득 출렁댔다. 통통한 애벌레가 꼬물꼬물 기고 있었다. 이삭이 널린 들판도 보였다. 깃털을 부비며 사랑을 나누는 몸짓과 알을 품는 모습, 새끼 새의 목구멍에 먹이를 넣어주는 부리도 보였다.

내가 만진 것은 죽은 새의 몸뚱이가 아니라 새가 살았을 때의 기록이었다. 날개를 펴고 날았을 때 깃털 하나하나에 새겨진 바람과 햇빛, 비와 눈의 기록을 읽었던 것이다.

그것은 새장에 가두고 모이만 배불리 먹여 이미 퇴화하기 시작한 새의 날개에도 희미하게 남아, 푸득, 푸드득 좁은 새장을 치고 있었다.

그 힘에 떠밀려 나는 새장의 빗장을 풀었다.

밖에 나가니 새떼가 마당 한쪽에 버린 음식찌꺼기를 쪼아 먹다가 우르르 가지를 찾아 날아간다. 한 가지에 잠시도 앉아 있지 못하고 또 다른 가지를 찾아간다. 호기심과 동경으로 꽁지가 들썩거린다. 뭐라고 저희끼리 수선을 떨더니 한꺼번에 다 날아가 버린다. 죽었던 직박구리도 털고 일어나 함께 날아간다.

어떤 놈인가 음표처럼 생긴 깃털 하나 떨어뜨리고 간다.

사십대 가장

김소희
littlegirl58@daum.net

친정집에 일이 있어 내려가던 길. 딸린 식구들을 다 떼놓고 남동생과 단 둘이 갖는 오붓한 시간이었다. 나는 그동안 눌러놓았던 수다를 마음껏 풀어 놓을 생각에 부풀었다.

"누나. 며칠 전에 퇴근했는데, 안방에서 웬 사내놈이 자고 있는 거예요."

운전대를 잡은 동생이 전방을 주시한 채로 말문을 열었다.

"어머머머, 어떤 놈이 제 집인 줄 알고 들어왔어?"

언젠가 TV에서 봤던 에피소드가 생각나서 소리쳤다.

"그래서?"

동생 쪽으로 돌아앉으며 재촉했다.

"아니. 그런 게 아니고."

동생의 목소리가 가라앉아 있었다.

형이와 훈이, 세 살 터울의 아들만 둘을 둔 동생은 사십대 가장이다. 우리나라 중년남자의 일상이 다 그렇겠지만, 새벽에 출근하고 한밤중에 퇴근한다. 늘 일에 쫓겨있어서 만나기는커녕 전화 통화조차 마음놓고 해본 기억이 별로 없다.

내 머릿속에서는 온갖 좋지 못한 상황이 전개되었다. 허리를 곧추세웠다. 허공에 박혀버린 시선을 거두어들일 엄두도 나지 않았다. 부풀은 풍선 주둥이를 막는 것처럼 입술을 앙다물었다.

"세 시쯤 되었을 거야. 늘 그러니까."

동생의 얘기는 그렇게 시작되었다.

새벽 3시. 세상이 모두 잠이 든 시간. 아무리 호기 있는 남편이라도 초인종 앞에서 망설여지는 시간이다. 언제나처럼 조심스럽게 키번호를 누르고 집안으로 들어섰다. 현관 센서등이 켜졌다 꺼졌다.

불 꺼진 집. 희미한 가로등에 비친 거실이 낯설었다. 외투를 벗어서 팔에 걸치고 어둠에 눈이 익기를 기다렸다. 갑작스럽게 졸음이 밀려왔다. 서재를 향하다 말고 안방 문을 밀었다.

안방 침대 위에는 세 사람이 자고 있었다. 아내와 형이, 그리고 어떤 사내놈.

"셋? 꾸움이지?"

나는 앙다문 풍선 주둥이를 열고 들키지 않게 바람을 살며시 뺐다.

"꿈? 그러네요."

부정 같은 긍정. 수다의 법칙에 어긋난 대답이었다.

"하룻밤 꿈을 꾸고 나니 세상이 바뀌었다더니, 아이들이 저만큼 클 때까지 나는 어디서 무얼 했을까요?"

"뭔 소리야?"

"그 사내놈이 형이었어요."

"형이랑 어떤 사내놈이래메?"

"형이로 보이는 놈은 훈이었어요. 형이는 나보다 더 큰 사내놈이 되었고요."

동생은 자못 심각한 표정으로 말을 맺었다.

몇 년 전에 남편이 했던 말이 생각났다.

'어느 날 보니, 초등학교 다니던 아이들이 대학생이 되어 있더라고. 아, 정신이 번쩍 들대.'

"누나."

동생이 흘깃 쳐다보며 불렀다.

"응?"

"다 그럴까요?"

제2011-4호

주류 꼬드김 상

김소희

위 사람은 겉보기완 다른 부실한 몸으로도 아가위문학회의 살림을 처음으로 맡아 회원 사이의 정을 돈독히 하고 수업분위기를 밝게 이끌어주었으며 비주류로서는 따분하기 이를 데 없는 주류 모임에서도 인내로 자리를 지켜주는 것에 감사하며 한 발만 주류 모임에 살짝 담그시길 바라는 마음으로 부상으로 모 마트에서만 파는 꼬마소주와 함께 이 상장을 수여합니다

2011년 8월 25일
아가위 수필 문학회

패자의 설움

정정근
pansy48@hanmail.net

문우 K에게 애인이 생겼다. 이름은 '훈'이다. 아무데서나 어깨를 껴안고 볼을 부비는 걸 보니 진도가 나가도 한참 나간 것 같다. 주변 사람들한테 전혀 신경 쓰지 않는 몸짓, 그런데도 눈꼴시다는 생각이 들지 않는 것은 나도 그렇게 해보고 싶은 마음이 있기 때문일까.

훈을 처음 만난 것은 일주일 전. K와 내가 어떤 일로 그의 조부 J선생 댁을 방문한 것이 인연이다. 희고 깨끗한 살결에 크고 검은 눈을 가진 훈은 행동거지나 말투가 의젓했다. 단정한 외양은 귀티마저 흘렀다. 은근슬쩍 손이라도 잡아보고 싶었지만 꾹 참았다. K가 이미 홀딱 반한 눈치였고, 그녀를 바라보는 훈의 눈빛 또한 심상치 않았기 때문이다.

나는 사람을 쉽게 사귀지 못한다. 그래서 얌전해 보인다는 말을 듣기도 하지만 표현이 서툰 것뿐이다. 훈을 처음 봤을 때도 이만큼 떨어져 앉아 눈치만 보았다. 수인사를 나누자마자 입김 불어넣어가며 귀엣말을 주고받던 그녀는 스킨십도 거침없이 했다. 잘 벼린 칼날처럼 표독스러우면서도 애교가 찰찰 넘치는 그녀야 그렇다 치자. 그러나 새순 같고 꽃잎 같은 훈이 낯선 여자에게 그토록 쉽게 정을 줄 줄은 몰랐다. 누가 더하고 덜한 것 같지 않게 좋아죽겠다는 표정, 나는 감히 그들의 틈을 비집을 수 없다.

"훈, 날 영원히 잊지 말아 줘…."

K는 첫날부터 저자세였다.

"살다보면 잊을 수도 있겠죠…. 그런데, 어째 말하는 게 애 같아요?"

훈은 진지하고도 엄숙한 표정으로 대답했다. 그렇잖아도 그녀의 쫄깃한 말투를 두고 웃는 이들이 있는 터인데, 잘 여문 밤톨 같은 사내아이가 깔축없이 정곡을 찌르니 우습기도 하고 놀랍기도 했다. K 보기 민망하여 슬그머니 눈길을 돌렸다. J선생도 당황했는지 어른한테 무슨 말버릇이 그러냐고 조용히 나무랐다.

정작 그녀는 눈썹 한 올 떨지 않았다. 당황하거나 창피한 기색도 보이지 않았다. 차분한 모습으로 훈의 노란 음료수 잔에 자기의 자줏빛 포도주 잔을 부딪치며 교태에 가까운 웃음만 지었다. 연상의 여자는 턱없이 어린애 같고 연하의 남자는 생각보다 올되다. 시공을 초월한 곳에서 투명한 소리를 내며 얼크러진들 누가 뭐라 할 것인가.

그런 훈이 오늘 우리 공부방에 왔다. 매주 한 번씩 일정한 시간에 외출하는 조부님이 어디서 누굴 만나 뭘 하는지 궁금하기도 했을 것이다. 내가 강의실에 들어섰을 때 훈은 벌써 그녀 곁에 앉아 있었다. 나는 훈의 다보록한 머리를 쓰다듬으며 반가워했다.

"와, K씨 애인 오셨네!"

그러나 훈은 내게 일별을 던지고는 이내 K 품에 안겨 홍홍댔다. 그런 훈의 어깨를 끌어안으며 뽀뽀라도 할 듯 볼을 부비는 그녀. 승자가 갖는 쾌감이 만면에 가득했다.

지도교수님이 단상에 섰다. J선생은 얼른 훈을 옆구리에 꿰차고 조용히 있어야 한다고 당부했다. 주제가 어떻고 소재가 어떻고 하는 강의가 지루했는지 훈은 연신 몸을 뒤틀며 그녀만 쳐다보았다. 그런 훈과 K를 흥미어린 눈으로 쳐다보느라 나는 강의도 듣는 둥 마는 둥이었다. 강의가 끝나기 무섭게 훈은 "아줌마!" 하며 그녀에게 달려가 안겼다. 저러다가는 제 조부님이 2년여 공들여 놓은 그녀를 일주일 만에 가로채고 말지 싶었다. 조손이 맞수 되어 쟁탈전을 벌이는 것도 볼만 하겠다.

훈이 도도한 입술을 달싹거리며 K 귀에 속살거렸다. 순간, 그녀 얼굴이 모란꽃처럼 환해졌다.

"왜 그래? 훈이 뭐랬기에?"

질투심으로 이글거리던 내가 물었다.

"아, 글쎄, '나 이젠 아줌마 없인 못 살아요' 하네."

원 세상에… 요즘 아이들 조숙하다는 건 알고 있었지만 유치원생 입에서 그런 말이 나오다니. 그래놓고 훈은 K 뒤로 몸을 숨기며 배시시 웃었다. 나는 훈의 보드랍고 말랑한 손가락 몇 개를 살짝 쥐었다 놓는 것으로 패자의 설움을 달래야 했다. 꼬마신사의 뜨거운 고백을 들은 그녀 얼굴에 홍조가 가득했다. 일곱 살짜리는 제가 한 말을 곧 잊을지도 모르지만, 쉰이 넘은 그녀는 귓불 간질이며 속삭인 어린 연인의 고백을 평생 잊지 못할 것이다.

제2011-11호

언니가 돌아왔다 상

정정근

위 사람은 청운의 꿈을 안고 용인 춘구석에서 서울로 잠시 전학을 갔으나 지난여름 나문재에서의 하룻밤 쌓은 정을 잊지 못해, 수없이 붙잡는 손을 뿌리치고 다시 돌아왔기에 비워두었던 의자를 반짝반짝 닦아 내놓으며 이 상장을 수여합니다

2011년 12월 22일
아가위수필문학회

뭐 해 먹지

조영주

nooriyj@daum.net

엄마가 살림을 놓았다. 건강에 빨간불이 들어온 것이다. 생명에 지장이 있는 것은 아니지만 어쨌든 살림은 내 차지가 되었다. 오십 년을 손가락 하나 까닥 안 하고 산 나로서는 당황할 수밖에. 하지만 불평을 할 처지가 아니었다. 부모님은 벌써 여든 고개를 넘어 저만치 가고 계셨다.

태어나서 처음으로 부엌칼을 잡았다. 칼질을 제대로 못하다 보니 머릿속에 있는 레시피는 무용지물이었다. 그래도 수십 년 동안 어깨 너머로 본 것은 있어서 맛이야 어찌됐건 흉내는 낼 수 있었다. 아니, 대학을 졸업하고 몇 번인가 부엌일을 해본 경험은 있었다. 여행을 좋아하는 아버지는 엄마와 함께 종종 한 달 정도의 긴 여행을 떠나곤 했었다. 나 혼자라면 아무 거나 먹고 때웠겠지만, 할머니가 계셨기에 그럴 수 없었다. 제대로 된 밥상을 차려내기 위해 그때도 지금처럼 고군분투했을 것이다. 내 머릿속에 들어있는 레시피는 아마도 대부분 그때 형성된 것이리라.

나는 왕초보 주부답게 아침에 눈을 뜨자마자 '오늘은 뭐 해 먹지…' 하는 생각에 머리가 아팠다. 할 줄 아는 것도, 의욕도 없는데 도대체 뭘 어찌해야 할지 막막했다. 겨우 저녁 한 끼 준비하는데 말이다. 처음에는 일찍 일어나서 아침식사부터 챙겼으나 몸에 밴 생활 사이클을 이겨내지 못했다. 결국 저녁에 아침거리를 준비해 두면 부모님이 챙겨 드시게 되었다.

'다른 집은 된장찌개 하나면 된다는데, 니 아버진 된장을 안 먹으니…' 엄마의 푸념이 들리는 듯했다. 우리 집 밥상에 찌개나 국, 특히 된장찌개나 된장국이 올라오는 경우는 극히 드물었다. 가을철 별미인 배춧국을 끓여도 아버지는 버터를 잔뜩 넣어 드셨다. 된장 맛을 없애려는 듯이. 나도 아버지의 딸답게 된장은 이제껏 기피대상이었다. 특히 청국장은 쳐다보기도 싫었다. 하지만 내가 반찬 걱정을 하다 보니 엄마가 왜 그런 푸념을 하는지 알게 되었다. 된장찌개가 가장 손쉬운 음식이었다. 된장찌개라는 것이 아무리 적은 양을 끓이려 해도 이것저것 넣다보면 양이 많아지기 마련이었다. 한 번 끓이면 나 홀로 이삼 일을 먹어야 했다. 그래도 끓인 날은 아버지도 맛있게 몇 수저 드셨다. 또한 나도 이제 된장찌개에 거부감이 없을 뿐만 아니라 즐겨 먹게까지 되었다. 상황에 따라 식성도 변한다는 것이, 꼭 시집 온 새색시처럼 낯설었다.

국과 나물과 생선까지 저녁준비를 완벽하게 해놓고 외출을 한 적이 있었다. 그런데 이게 뭔 일, 외출에서 돌아온 나에게 아버지가 집어먹을 게 없더라고 반찬투정을 하셨다. 아버지는 상에 간장 하나만 올려놓아도 군말 없이 먹을 사람이라고 알고 있는데, 그리고 실제로 아버지 홀로 점심을 드셔야 할 때, 엄마는 밥과 나또, 계란과 간장만 준비해 놓고 나간 적도 여러 번 있었다. 그런 아버지가 반찬투정을 다 하시다니, 아내와 딸의 차이인가.

국은 베란다에, 나물은 냉장고에, 생선은 구워 드시라고 엄마에게 이르고 나갔으나 김치와 콩자반만 상에 올렸다는 것이다. 엄마의 깜빡 병이 나의 노력을 허사로 만들어 버렸다. 실은 찌개나 국이 없어도 되는 밥상은 어찌 보면 편해 보이지만, 그것이 더 힘든 상차림이었다.

매일 뭔가 새로운 것이 없을까 궁리하다가 골뱅이 국수를 생각해냈다. 하지만 내 칼질 수준으로는 불가능한 메뉴였다. 파를 써는 것이 가장 문제였는데 마트에서 얇게 저며 놓은 대파를 실타래처럼 뭉쳐놓고 파는 생각이 났다.

마트로 달려갔다. 국수와 양파는 집에 있으니 제외, 골뱅이 통조림과 얇게 저며 놓은 파타래 한 움큼을 샀다. 그리고 오이 한 개를 집어 들었다. 700원이나 했다. 재래시장에서는 분명 오이가 천 원에 두세 개였을 것이다. 하나 필요한 오이를 두세 개 사서 어쩌란 말인가. 십중 육칠은 버리게 될 것이다. 그러느니 700원 주고 하나 사는 게 낫다고 생각한다. 재래시장 보존을 지지하지만 어쩔 수 없는 생존의 법칙이다. 보관이 용이한 것이라면 몰라도 싸다고 사서 버리거나 남에게 나눠주어야 된다면 결론은 손해다.

망설임없이 오이 하나를 장바구니에 넣었다.

먼저 골뱅이 국수의 재료를 점검했다. 국수, 오이, 양파, 파타래, 고추장과 설탕, 그리고 나만의 비법인 김치 두 줄기와 매실원액, 골뱅이 통조림을 주르륵 나열해 놓았다. 슬픈 표정을 지으며 양파를 까서 파타래와 함께 물에 담가 놓고 오이를 집어 들었다. 난감했다. 오이 한 개 써는 데 십 분도 더 걸렸다. 나만을 위한 거라면 오이 같은 건 빼버렸을 것이다. 조금 생겼던 의욕이 소진되는 순간이었다. 국수 한 움큼을 넣었다 뺐다, 혼자 해 먹을 때는 쉽던 것이 삼인 분을 하려니 양도 가늠할 수 없고, 힘은 힘대로 들었다.

커다란 접시에 가득 담긴 먹음직스런 골뱅이 국수를 덜어 잡수시며 아버지가 말씀하셨다.

"맛있다, 지 좋아하는 거라고 잘 하네."

순간, 나의 젓가락질이 멈췄다. 생각해낸다는 것이 그렇지, 전부 나 좋아하는 것들이었다. 시쳇말로 식순이가 배고프면 밥이 많아진다는 말이 있다. 식순이는 부엌의 왕이다. 왕이 먹고 싶은 것을 하는 것은 당연하다. 내가 좋아하고 조리할 줄 아는 것들, 주로 식사대용 술안주. 골뱅이 국수, 변형된 두부 김치, 조갯살이나 낙지 떡볶이, 반찬도 마찬가지였다. 서툴지만 할 줄 아는 것은 내가 좋아하는 것들이었다. 그래도 맛이야 어떻든 군말 안하고 드시는 부모님이 감사할 따름이다.

이제 빼도 더해도 지천명에 들어섰다. 지천명은 모든 벌여놓은 일의 마감을 준비할 나이다. 하지만 나는 요즘 새로운 일을 시작하느라 매일매일 고민에 빠져 있다. 자의가 아닌 타의에 의해 시작된 일이고 내가 이 일을 하게 되리라곤 꿈에도 생각지 못했기에 좌충우돌 우왕좌왕하고 있는 중이다. 죽을 때까지 하지 않을 일로만 여겼는데 죽을 때까지 해야 할 일이 되어버렸다. 생각해 보건데 오래 전에 시작했어야 했고, 거의 모든 여자들이 하는 일이거늘 나는 왜 그것을 내 삶에서 제외시켜 놓았었는지 모르겠다.

처음엔 초등학교에 갓 입학한 어린아이처럼 서툴지만 모든 일이 재미있었다. 시간이 감에 따라 하기 싫은 공부를 억지로 해야 하는 수험생이 되어갔다. 하지만 뭔가를 알게 되고 숙련되어가는 것은 나름대로 씨알만한 보람으로 돌아왔다.

나는 이제껏 살림을 하지 않았지만, 그래도 머릿속엔 누구 못지않게 살림에 대한 정보가 잘 정리되어 있다. 그러나 연애는 꿈이고 결혼은 현실이라 했던가. 정보 수집과 정리만 했던 지난날은 살림과의 연애기간이었고 이제 결혼을 했다. 이즈음의 나는 꿈과 현실을 몸으로 느끼고 있다. 또한 냉장고를 비우고 남은 음식을 과감히 버리듯 마음을 비우고 모든 욕심과 번뇌를 버리는 연습을 하고 있다.

일주일에 두 번 마트에 간다. 아침 먹을거리에 따라 동선이 정해진다. 중간 중간 그날 필요한 것들을 취하면 된다. 호박 하나, 가지 두 개, 감자 두 개를 카트에 집어넣는다. 기본으로 냉장고에 있어야 할 품목이다. 손질해서 데쳐 놓은 나물 코너를 기웃거리다 곁눈질해 본 가격표에 질려 그냥 지나친다. 아쉬움이 한 가닥 길게 늘어진다. 손질하지 않은 원재료는 값이 덜하지만 의욕도 솜씨도 없다. 결국 나물은 포기할 때가 많다. 그래도 계산대에 서면 카트가 한 가득이다. 가방에서 장바구니 두 개를 꺼내 점원에게 건넨다. 이럴 땐 노련한 주부 냄새가 난다. 하지만 바코드가 찍히는 품목들을 보고 있으면 순간 자판의 백스페이스가 눌려버린 듯 머릿속엔 커서만이 깜박거린다. 저녁 찬거리가 아무것도 없다. 고민 해결을 위해 마트에 왔는데 해결되기는커녕 더 난감해졌다. 모든 주부들이 매일매일 하는 고민, 오늘은 뭐 해 먹지?

제2011-12호

냉정과 열정 사이 상

조영주

위 사람은 뛰어나고 독특한 패션 감각에서 말해주듯 숨길 수 없는 열정으로 아가위문학회 합평회의 주역으로 활동하고 있으며, 열정만큼이나 날카로운 냉정으로 우리는 꼼짝 못하는 선생님을 꼼짝 못하게 하는 특별한 매력이 있어 그 모습에 대리만족의 박수를 보내며 부상으로 눈사람 양초와 함께 이 상장을 수여합니다

2011년 12월 22일
아가위수필문학회

3월의 산속 나무는

배경령
bkr61@daum.net

3월의 산속 가득 서 있는 나무는 봄이 다가서는 것이 두렵다. 그렇다고 겨울을 좋아한다는 이야기는 아니다. 역경이 지나간 후의 안도감 같은 숲의 고요 속에 조금 더 머물고 싶을 뿐이다.

3월의 산속 나무는 3월 정오의 따사로운 햇살을 좋아한다. 차지도 뜨겁지도 않은 삽상한 삼월의 공기. 땅은 메마르지 않고 알맞게 촉촉하다. 나무 밑둥치에 쌓인 낙엽도 3월에는 바스락거리지 않는다. 고요하다. 아직 매미며 벌이며 나비며 딱정벌레 같은 것들도 태어나지 않은 3월. 부산한 것은 아무것도 없다. 생명이 생성할 때 품어내는 짙은 살 냄새도 없으며 간간이 불어주는 바람만이 맑은 향기를 대신한다. 후미진 골짜기의 잔설만이 지난겨울이 얼마나 혹독했는지를 말해 줄 뿐.

3월의 산속 나무는 경건하게 침묵한다. 그 침묵은 숨죽이는 침묵이요, 기다림의 침묵이요, 준비의 침묵이다.

3월의 산속 나무는 한가롭다. 물기 젖은 젊은 초록의 무게도 없고 비바람에 부대낄 무성한 이파리도 아직 나오기 전이다. 홀가분하다. 오수午睡를 즐기듯 빈가지로 바람에 몸을 맡겨도 좋다. 11월의 나무도 한가롭기는 마찬가지다. 그러나 3월의 나무와는 조금 다르다. 11월의 나무는 화려한 축제가 끝난 뒤, 열광하던 관객이 떠나버린 객석을 바라보는 그런 체념의 쓸쓸한 한가로움이다.

3월의 산속 나무는 고적하다. 우듬지들이 무채색인 것처럼 마음도 무채색인 채, 하나의 몸뚱이에서 수천 갈래로 갈라진 가지들은 꿈꾸듯 하늘가를 우러르며 명상에 잠긴다. 한번도 제 자리를 떠나 살아본 적이 없는 모든 존재들의 고적. 3월의 숲길을 자근자근 밟고 오는 외로움을 허공 속에 밀어내며 나지막이 울어주는 새소리로 빈 가슴을 채운다. 아니다. 우는 것은 새가 아니라 산속 나무들인지도 모른다.

3월의 산속 나무는 분장실에 앉아 있는 유랑극단 배우 같다. 차가운 빛이 새어드는 스산한 분장실에 앉아, 거울 속 까칠한 민낯을 살피며 마음을 다독이는, 이제 무대에 오를 준비를 해야 하는.

속눈썹을 치켜세우고 탬버린을 흔들며 온갖 재주를 펼쳐야 한다. 많은 사람들의 갈채와 환호를 받을 것이다. 그러나 유랑극단 배우는 서둘러 무대에 오르고 싶어 하지 않는다. 거울 속 공허한 자신을 조금 더 깊게 바라보며 스치듯 지나간 잊혀진 시간들의 그림자를 잠시 그리워하고 싶어 한다.

3월의 산속 나무는 유랑극단 배우처럼 자신의 내면을 조금만 더

들여다보고 싶을 뿐이다.

3월의 산속 나무는 숙명을 거스르지 않는다. 때가 오면 새벽잠을 설치고 일어나 물을 길어 올릴 것이다. 새싹을 깨울 것이고 꽃을 피울 것이다. 시간의 윤회 앞에 겸허할 것이다. 생명을 타고난 모든 존재들이 그러하듯이.

어느 날 몸이 무거워지고 마음이 무거워지면 나는 3월의 숲속으로 가고 싶다. 나무에 등을 기댄 채 나를 무겁게 하는 마음 속 모든 것들을 비우리라. 그리고 그 빈자리를 나지막이 울어주는 새소리로 채우고 돌아오리라. 나의 하루하루의 삶이 새소리로 충만할 것이다.

제2012-27호

든든믿음 상

배 경 령

위 사람은 평생 처음 총무라는 직책을 맡아봤다고 하지만, 다른 누가 이보다 더 잘할 수 있을까 싶을 정도로 열성을 다해 아가위문학회 살림뿐 아니라 회원들을 살뜰히 챙기는 모습에서 자신은 숨기려 해도 우리 모두 아는 공로를 인정하여 이 상장을 수여합니다

2012년 7월 5일
아가위수필문학회

2

박 순
정원기
이동순
방승순
천나미
허경자
김진순
배경령
백만기

모녀 삼대

박 순
soyo47@daum.net

며칠 전, 딸에게서 전화가 왔다. 주말인 토요일에 손자가 다니는 유치원에서 효도 축제 행사가 있는데 자기는 비상 당직을 바꿀 수가 없다면서, 나더러 대신 참석해 달라는 것이었다. 양평의 딸기 밭에서 학부모와 아이들이 함께 즐기는 야유회라고 했다.

토요일 아침의 여유를 포기하고 서둘러 집을 나섰다. 유치원에 모여 있는 개구쟁이 사내녀석들, 똑 부러지게 야무져 보이는 여자 아이들, 그리고 유치원생 학부모들답게 아빠, 엄마들도 모두 젊고 활발했다.

할아버지, 할머니는 우리 내외 말고 또 다른 한 팀이 있었는데 그들은 아이의 아빠, 엄마와 함께 온 사람들이었다. 나는 외손자 예준이가 행여나 다른 아이들의 아빠 엄마를 부러워할까봐 처음부터 모든 게임, 모든 행사에 하나도 빠지지 않고 다 참가했다. 줄넘기, 원뿔 넘어뜨리기, 볼 넷 넘기기, 줄 당기기, 딸기 따서 잼 만들기… 게임을 할 때마다 아이들은 신이 났고 젊은 아빠 엄마들도 덩달아 즐거워했다. 연신 자기 아이의 이름을 부르면서 사진을 찍어 담느라고 법석이었다. 날씨가 좀 덥기도 했지만, 나는 모든 게임을 다 따라 하자니 힘이 부쳐 진땀이 났다. 유치원 선생님이 내게 물었다.

"예준이 할머니! 괜찮으시겠어요?"

문득 똑같은 질문을 30년 전 내 어머니도 받으셨던 기억이 떠올랐다.

예준이 엄마인 딸 지영이가 유치원에 다닐 때였다. 친정엄마는 종종 우리 집에 와 계셨다. 나는 친정엄마가 와 있는 동안 연년생 딸 둘을 맡기고 가끔씩 초등학교 임시직 교사를 했다. 요즘 말로 아르바이트였다. 남편의 월급을 한 푼이라도 아껴서 더 모으고 싶은 마음에서였다. 그때도 지금처럼 5월이었고, 유치원에서 소풍을 간다는데 나는 막 시작한 직장에서 빠질 수가 없었다.

엄마 대신 외할머니가 소풍을 따라 가셨다. 예준이 유치원에서는 딸기밭 농원에서 유기농 식단을 마련했지만 그때는 각자 마련해야 했다. 엄마는 점심밥과 간식거리가 든 제법 묵직한 가방을 들고 당신이 소풍 가는 아이인 양 즐겁게 따라 나섰다.

그날도 여러 가지 게임이 있었다고 한다. 풍선 터뜨리기, 보물찾기, 남의 땅 밟기… 마지막 하이라이트는 자기 아이 업고 달리기였다. 다른 젊은 엄마들이 자기 아이를 업고 출발선에 설 때 친정엄마도 외손녀딸 지영이를 업고 출발선에 섰단다. 지영이는 유치원 다닐 때 꽤 통통하다는 소리를 들었다. 엄마의 나이는 지금 나보다 훨씬 많은 칠십을 넘기신 때였다. 유치원 선생님이 걱정스러운 눈빛으로 물었다고 한다.

"할머니! 괜찮으시겠어요?"

"내 새끼라서 안 무겁수다. 내레 뛸 수 있구 말구요."

친정엄마는 그날 밤새 끙끙 앓았다.

"야, 뛸 땐 모르갔더니 내려놓고 일어 설라니까 다리가 후들거리더라."

하루 종일 외손자 예준이의 할머니 노릇을 하면서 나는 종종 하늘을 올려봐야 했다. 다섯 살 손자에게 할머니의 눈물을 보일 수 없었다. 친정엄마 생각으로 눈물 흘리는 할머니를 아이가 이해할 수도 없겠지만, 어쩐지 하늘에 계신 엄마가 나의 이런 할머니 모습을 보고 계실 것만 같아서였다.

'야, 명순아. 네래 벌써 할머니가 됐구나! 뛸 때 조심하라우….'

'엄마! 나도 엄마처럼 할머니 노릇을 하고 있어요. 엄마가 업고 뛰었던 지영이가 훗날 늙어 할머니가 되면 그때도 우리처럼 할머니 노릇을 하겠지요?'

그날 내내 엄마의 목소리가 나를 따라다니는 듯했다.

세상이 너무 빠르게, 그리고 우리가 살아온 것과 다르게 변해가고 있다고 아우성들이다. 내 딸이 할머니가 되었을 때, 나나 엄마처럼 딸도 행복하게 할머니 노릇하며 늙어갈 수 있는, 그런 세상 되었으면 좋겠다는 생각이 들었다.

나는 토요일 아침의 느긋함을 빼앗긴 대신, 엄마를 만났고 나를 보았고 그리고 미래의 할머니가 될 딸을 그려보았다.

제2011-5호

은근강압 상

박 순

위 사람은 등장부터 예사롭지 않은 카리스마와 멘트로 시선을 사로잡았고 만남이 거듭될수록 첫인상에서 느낀 열정에 겸손까지 더하여 나날이 매력지수를 높이고 있으며 특히 와인 선물로 오전부터 취중야외수업을 듣게 해준 공에 감사드리며 앞으로도 종종 부탁드리는 마음으로 부상으로 마른안주 한 통과 함께 이 상장을 수여합니다

2011년 8월 25일
아가위수필문학회

갚을 때가 되었다

박 순

남편은 키가 작은 편이다. 내가 그를 약 올리고 싶거나 화가 나서 분통을 터뜨릴 때 나는 '젓가락 반 토막'만 하다고 공격하곤 했다. 지금은 연륜이 쌓이고 내 등쌀에 못 이겨 반듯한 옷차림새라도 하고 있지만 결혼할 때만 해도 그는 전형적인 '노가다'였다. 언제나 흙투성이였던 작업화, 빛바랜 모자, 땀내 나는 작업복이 그의 모습이었다.

그가 결혼 승낙을 받으러 처음으로 부모님을 찾아뵙고 큰오빠, 둘째오빠를 만나던 날까지도 그런 차림이었다. 부모님은 그의 차림새에 별 신경을 안 쓰시는 눈치였지만 유난히 까다로운 둘째오빠의 눈에는 통과될 리가 없었다.

"무슨 녀석이 지성미라고는 전혀 없이…. 겨우 골라온 놈이 저 정도야? 대학졸업 증명서 떼 오라고 해!"

나도 딱히 무엇을 향한 것인지조차 모르는 솟구치는 내 열정을 주체 못해 방황하던 젊은 날이었다. 이런 아슬아슬한 막내딸을 결혼 시켜야만 편히 눈을 감고 죽을 수 있겠다고 성화를 하시는 부모님께 효도하는 셈으로 결단했다.

무모한 결혼이었다. 그는 대기업의 말단 토목기사였고 나는 초등학교 교사였다.

우리는 신혼 때부터 떨어져 살았다. 70년대 초 한창 건설 붐의 중심에 있었던 U시에서 근무하던 남편은 한 달에 한번 꼴로 내가 근무하던 J시로 오가곤 했었다. 주말 꽤 늦은 시간, 남편은 발바닥이 땅에 닿는 것조차 아까운 바쁜 걸음으로 신혼살림 방으로 달려오곤 했다. 셋방에 이르는 골목 입구에서 방의 불빛을 보는 순간 '아, 도망가지 않았구나' 하고 안심했다고 한다. 아주 조금만 살다가 헤어져도 그뿐이라고 시작한 성의 없는 결혼이었는데…. 남편은 연년생으로 낳은 어린 두 딸을 내게 맡기고 중동현장을 들락거리기 시작했다. 아이들의 기저귀를 갈아보기는커녕 조금씩 자라가며 피우는 재롱조차 본 기억이 거의 없을 만큼 1년에 한 번, 차츰 6개월에 한 번 정도로 집에 드나들었다.

신혼 초부터 시작된 반 이별 생활은, 국내 현장으로 자리 잡은 90년대 초까지 근 20년 동안 계속되었다. 그동안 나는 늘 혼자서 아이들을 지키며 가정을 돌봐야 했다. 나는 보온병 마개를 잠그듯 나를 꼭꼭 잠그고 살았다. 그러다가 더는 잠글 수 없을 만큼 조여졌을 때, 그리고 그가 휴가를 나와 내 짐을 잠시라도 벗을 수 있었을 때 나는 가끔 일탈을 하곤 했다. 그것은 한 잔으로부터 시작

되는 술이었다. 어느 땐가, 취한 술을 깨려고 아파트 벤치에 앉았다가 그만 핸드백을 놓고 집에 들어갔던 날이 있었다. 이튿날 아침, 핸드백 안의 현금은 없어지고 주민등록증만 남은 후줄근해진 핸드백을 아파트 경비원이 가지고 왔다.

그때 초등학교, 중학교에 다니던 두 딸이 나를 보고 공격의 화살을 퍼부으려 할 때 남편이 앞서서 말했다.

"야, 야, 느그 엄마 안 잃어버리고 집에 잘 배달된 기 얼마나 다행인데 그라노?"

이 한마디로 끝이었다. 40여 년 함께 살아오면서 남편은 내게 "이거 와 이렇게 했노?"라는 핀잔 비슷한 말조차 한 일이 없다. 그는 어진 남편이었고 후원자였으며 내가 하는 사소한 일에도 칭찬을 아끼지 않았다. 혹 실수를 하여 내가 먼저 민망해할 때에도 "마, 그만 했으면 잘 된 기다. 내 겉으면 어림도 없었을 낀데…." 그렇게 내 기를 살려 주곤 했다. 남편을 보고 생전에 친정엄마는 "우리 김 서방은 작은 예수구나!"라고 하셨다.

그런 남편이 육십이 조금 넘은 나이에 직장암으로 주저앉았다. 상상조차 하지 못한 일이었다. 수술을 받은 남편은 더 이상 혈기왕성하던 그때의 노가다가 아니었다. 애기가 되었다. 그는 어린 딸들에게 이유식을 먹일 때보다 더 공을 들인 죽을 먹어야 했고 잘라버린 직장의 길이만큼 짧아진 배변시간 때문에 종종 기저귀를 차야만 했다. 항암제 약 탓으로 입이 쓰다면서 눈물 반, 기도 반으로 차려놓은 밥상을 아이들 밥투정하듯 밀어냈다. 5개월 된 외손녀보다 더 많이 자고 더 많이 졸았다. 때론 목쉰 기적 소리를 내며 가파른 산등성이를 겨우 올라가는 낡은 기차 같았다.

이제 내가 갚을 차례다. 그동안 남편에게서 받았던 넉넉한 후원과 배려, 칭찬을 되돌려 주어야 할 때가 되었다.

기저귀를 갈 때마다 민망해 하는 남편에게 "이만 하길 얼마나 다행이야? 조금만 더 잘랐어도 인공 배변기를 달고 다닐 뻔 했잖아요? 당신 정말 장해요!"

진심으로 하는 말에 남편은 더욱 고마워했다.

더는 못 먹겠다고 밥상을 물리는 남편에게 그가 좋아하는 식혜를 내놓으면서 지쳐 있는 그를 달래었다. 그리고 마음으로 눈으로 말했다.

'우리는 지금 힘껏 달려 올라온 이 산마루 정거장에서 잠시 쉬고 있는 거예요. 한숨 돌리고 나서 내려가는 길 천천히 여유롭게 다시 시작해요.'

이 순간만큼은 숨 가쁘던 삶의 여정도 모두 꿈같은 시간으로 다가왔다. 칠부 능선을 바라보고 있는 이 나이에 나도 그에게 작은 예수가 되고 싶다.

아내는 영원한 누님

정원기
wkchung42@naver.com

벌써 10년 하고도 3, 4년 전 일이다.

"당신 술 마시고 늦게 들어온 지가 벌써 두 달이 넘었어요. 몸 좀 생각해요. 타락한 사람마냥 왜 그래요? 당신, 정말 술 마귀 쫓아내야 해. 알았어요? 알았어요?"

"……."

자정을 넘어 새벽에 술 냄새를 풍기며 들어온 나를 보고, 아내는 짜증 섞인 투정을 부렸지만 묵묵부답, 내 귀엔 마이동풍이었다.

30년을 다니던 직장을 나이 60도 되기 전, 홀연히 퇴직하고 보니, 세상에서 가장 허전하고 외로운 사람이 된 것 같았다. 당장 무얼 하나? 할 게 없다. 식당? 커피점? 글쎄, 궁리해 봐야 그것은 내가 할 일이 아니라는 생각이 들었다. 격에 맞는 일을 찾는다고 웬만한 일은 눈 아래로 보였다. 버는 일은 월급쟁이 말고는 해 본 것이 없는 그야말로 바보이면서도 남 앞에서는 태연한 척 고귀

한 척 여유 있는 모습을 보였지만 불안했다. 초조하고 허전했다.

그때 마침 대학 시절 가장 다정했던 U도 오랜 교직 생활에서 벗어났고, 우리는 서로 위로해주는 벗이 되어 기원에서 바둑 두는 것으로 일과를 보냈다. 하루하루가 너무나 길었다. 아직 기원에 앉아 한가하게 바둑 둘 나이가 아닌데 싶어 조급증이 났다. 남은 인생을 무슨 일을 하며 보낸다? 바둑 두다 멍하니 생각에 빠지곤 했다.

"뭘 해? 바둑 두는 사람 어디 갔어?"

"으응, 그래. 너 어디 두었는데?"

난 판판이 지기 일쑤였고 친구는 이겨놓고 빙그레 웃음을 참지 못했다. 웃는 모습에 약이 오르고 스트레스가 쌓였다. 점심은 짜장면으로 대충 때우고 오후 내내 또 바둑 두고 난 후, 딴 돈으로 몽땅 광화문 피맛골 골목에서 생선구이를 안주 삼아 술을 마셨다. 둘은 술이 거나하게 취하면 내일을 기약하며 헤어졌다.

분당 서현역에서 내려야 하는데, 전철에서 졸다 깨다보면 종점까지 가서 되돌아올 때도 있었다. 대개는 모란역쯤 오면 눈을 떴다 감았다 반복하다 내려 제대로 집에 도착할 쯤엔 10시를 훌쩍 넘겼고, 그나마 그런 날은 양호한 편이었다. 아내는 내 행동이 못마땅했겠지만 대충 넘어가 주었다. 하긴 하루 종일 내가 안방 신세라면 아내에게도 더없는 고통일 테니까. 그런 면에서 나도 눈치 없는 놈은 아니었다.

이런 생활은 다람쥐 쳇바퀴 돌 듯 단조로워 쉽게 지루해지기 마련이다.

그날도 밤 10시쯤 귀가 전철에서 내려, 집으로 향하다가 동네 술집 바bar를 기웃거렸다. 아무래도 변화를 찾는 길을 연구해야 할 것 같았다. 혼자서는 처음 바에 들어가자니 약간 망설이기도 했지만, 취기가 아직 남아 용기백배, 양주 칵테일 바cocktail bar 진입에 성공했다. 실내에 들어서자마자 양주 특유의 향이 먼저 나를 반겼다. 바로 여기다. 안식처. 파라다이스. 등잔 밑이 어둡다고 집에서 5분 거리에 내 쉼터가 있다니. 술꾼은 술집 근처에 살아야 한다.

"어서 오세요. 사장님. 처음 뵙겠습니다."

간드러진 예쁜 목소리에 하늘거리는 몸맵시의 여인이 나를 황홀케 했다. 붉은 조명에 비친 본 여인의 얼굴은 젊고 예뻤다. 희미한 조명 아래 구석진 자리를 권하여 앉았다.

"어디서 일차 하셨나봐. 어머, 어디서 많이 뵌 분 같네. 이 동네 사세요?"

"응, 시범단지."

"그러시구나. 가까우니까 자주 오세요. 잘 모실게요. 사장님, 불경기는 불경긴가 봐요. 테이블에 손님 없는 것 보세요. 사장님이 첫 손님이세요. 오늘 개시하셨으니까 우리, 한 병 어때요?"

"글쎄, 오늘은 전주가 있어서 칵테일 한 잔만 하고 다음에 와서…."

"사장님 같이 점잖은 분은 자기 이름 사인해 놓고 생각날 때 오셔서 한 잔씩 하고 가세요. 그게 더 경제적이기 때문에 다들 그렇게 해요. 저 진열장 보세요."

아니나 다를까 드나드는 단골손님이 제법 있었다. 진열된 술병이 반 병짜리, 1/3 병짜리, 거의 바닥을 드러낸 것… 다양한 양주의 병 모양이 바 기운을 살리고 있었다. 칵테일 한 잔으로 끝내면 어째 여사장에게 쩨쩨한 좀팽이로 취급받을 것 같아서 자존심 상했다.

"아, 그러면 조니 워커."

해서 가져온 위스키를 둘이 앉아 홀짝홀짝, 이런저런 얘기로 밤은 깊어만 갔다. 거나하게 술이 취해갈 때쯤, 나는 산업의 역군으로 사우디 건설 현장에서 모래 바람과 열사熱砂 아래서 피나게 고생한 이야기를 했다. 우리나라 경제발전에 견인차 역할을 했다고 자랑을 했다.

"우와, 정말 대단하시네요. 사장님 같으신 분이 고생한 보람으로 우리나라가 이렇게 발전했지. 정말 수고하셨네요. 돈도 많이 버셨겠다."

여사장이 맞장구를 쳐주자 나의 기분은 하늘 높이 상승모드. 순간 여사장은 천하일색天下一色. 점점 술이 나를 먹고, 엎어지면 코 닿을 거리, 집에는 가기도 싫었다.

그날 이후, 칵테일 바는 참새 방앗간이 되었고, 하루만 못 가도 좀이 쑤셨다.

언젠가 필름이 끊어져 어떻게 들어왔는지조차 모르고 잤다. 부스스 깨어난 아침, 아내가 끓여준 북어 해장국이 개운하고 시원하여 겨우 속쓰림을 달랠 수 있었다.

아침을 먹고 난 후, 아내는 은행 카드 명세서가 들어 있는 우편물을 나에게 전했다. 퇴직금이 바닥날까봐 안절부절못하고 아끼고 절약하는 아내의 마음을 헤아려 보지 않고 두 달 동안 마신 술값이 생활비의 두 배가 넘었다. 아내가 안다면 뭐라 할까? 얼른 카드 명세 청구서를 찢어서 휴지통에 버렸다.

쓰린 속을 안고 다시 침대에 누운 나에게, 아내는 정색을 하며 어제는 어디서 술을 먹었는지 같이 가보잔다. 다 알고 있으니 솔직히 말해 보란다. 몇 번을 물어도 눈 감고 똑같은 대답만 했다. 그런데 이게 웬일일까? 언제 뒤를 밟았는지 아내는 칵테일 바 이름, 술집 여사장 얼굴까지 알고 있었다.

"언제부터 알고 있었어?"

"한 달이 넘었어."

"그럼 왜 그때 말하지 않았어?"

"당신이 너무 불쌍해서."

"뭐가 불쌍해?"

"기고만장하던 당신의 풀 죽은 모습이 안타까워서."

"열녀 났네, 열녀 났어. 그러면 잘 진행되게 도아주진 못하고 웬 뒷조사야?"

"그래? 그러면 계속 잘해봐. 몸이 망가지든지 말든지…."

그 일이 있은 후, 바둑도 칵테일 바도 먼 옛날이야기가 되었다.

술 먹고 인사불성 자신을 망가뜨리고 축복 받기를 바랐던가?

1960년대 초를 회상했다. 궁하면 통한다고 했나. 어렵게 살았던 대학 시절, 전차표 한 장 아끼려고 걸어 다녔고, 제대로 먹지 못해 꼬챙이 가냘픈 몸으로 도서관을 찾았다. 이 세상은 나를 쉽게 살게 하지 않았다. 가난에 아팠고, 실패에 아팠다. 낙심과 좌절은 나를 강하게 했다. 눈물 흘린 자만이 눈물의 진가를 알듯이 그 아픔이 나를 성장시켰고, 불행에 넘어진 길이 행운의 길이 되었다. 고난과 환란 뒤에 영광의 길이 있다는 것을 그때 알았다.

당연히 찾아온 퇴직의 허망함은, 흥청망청 살고 있는 나를 잠에서 깨우려는 하늘의 경고였고, 교만을 겸손으로 뉘우치게 하는 경종이었다.

나의 못남을 회개했다. 소 눈망울같이 순박한 당신의 마음이 얼마나 아팠을까!

팔만대장경에는 '아내는 남편의 영원한 누님이다'라고 쓰여 있다.

제2012-19호

진심 기대 상

정 원 기

위 사람은 평소에는 근접하기 어려울 만큼 쉽게 곁을 주지 않았으나 첫 수필 발표 때 팔색조의 목소리로 낭송하여 우리에게 보이는 것이 전부가 아님을 알게 하였으며, 앞으로 무궁무진한 수필의 세계를 열어 가실 분임을 믿는 마음으로 이 상장을 수여합니다

2012년 7월 5일
아가위수필문학회

바다는 그리움을 낳고

이동순
guiedong@daum.net

어릴 때 나는 포항 부둣가에서 살았다.

어른이 된 지금도 바다가 있는 부산에 살고 있다. 철썩거리는 소리는 늘 나를 들뜨게 했고, 짙푸른 파도는 희망의 메시지인 듯, 가슴 부풀게 했다.

가을의 풍광이 쓸쓸했던 11월 어느 날, 나그네가 되어 찾은 펜션은 동해바다가 훤히 보이는 강구였다. 바다만 보면 그윽한 연인의 눈빛을 대하듯 가슴 설렘은 젊은 시절을 바다와 함께 보냈기 때문일까?

펜션에서 하룻밤을 묵은 새벽, 깜깜한 정적 속에서 들려오는 파도 소리는 현실의 굴레를 잠깐 벗어난 여인에게 파문을 일으키며 다가왔다. 무슨 말이 하고 싶었을까? 모래사장에 하얀 거품만 남겨놓고는 미련 없이 물러갔다.

멀리 수평선 끝자락에 어둠을 뚫고 솟아오르는 붉은 덩어리. 까맣던 천지가 점점 발갛게 물들어 갔다. 그 붉은빛이 일제히 잿빛 바다 위로 내려와 바다를 온통 불태우고 있었다. 잔잔하면서도 빠르게, 자진모리장단에 맞추어 춤을 추는 듯한 바다와 빛의 만남. 오래전에 함께 놀던 친구들 이름을 하나 둘 떠오르게 했다. 영애, 상옥이, 나영이, 봉술이, 순이, 찬용이, 태경이. 그들은 어디서 무엇을 할까?

어느새 나의 발길은 포항으로 향하고… 강구에서 멀지않은 포항. 해변에 들어서자 비릿한 바다내음이 진동했다. 어디선가 깔깔대는 가시내들의 웃음소리가 들려올 것만 같았으나 끼룩끼룩 갈매기 울음소리만 들렸을 뿐. 11월의 하얀 백사장은 쓸쓸하게만 보였다. 바다는 그때 그대로였다. 한때 내 젊음의 표상이었던 바다. 초겨울 바닷바람에 주름진 볼이 달아올랐다.

바람이 이는 수평선은 오선지가 되어 나폴거렸다. 음표 따라 위로 아래로 오르내리는 갈매기들, 똑딱선들. '즉흥 환상곡'이 연주되는 듯, 즉흥적인 실체가 눈을 감은 나의 뇌리에 번득였다. 아침 햇살이 파도에 부서지며 일으키는 하얀 물거품. 구름 떼가 바다에 키스를 퍼부었다.

철없던 날의 소녀는 여름방학만 되면 바다에 갔었다. 해수욕객들로 몸살을 앓던 신작로가 쉴 새 없이 뽀얀 먼지를 뿜어냈다. 그 길을 걷던 소녀들 얼굴에서도 빨간 김이 모란꽃처럼 피어나고 있었으나 땡볕과 함께 끝도 없이 걸었었다.

'그래도 나는 행복했다.'

그날 내 일기장의 마지막엔 그렇게 적혀 있다.

'그를 만나러 가는 길이었기에….'

썼다가 지워버린 흔적도 남아 있다.

'보자기에 싸 간 초록빛 사과로 물 위에서 던지기 놀이를 하였다. 그러다 배가 고파진 우리는 물 위의 사과를 먹기 시작했다. 이 편에서 한 입, 저 편에서 한 입, 나중엔 꼭지만 달랑 남아 있었다.'

'친구들 입술이 서서히 바다색을 닮아가더니, 먹이를 찾는 비둘기모양 슬슬 모래 위에 모였다. 그 위에 앉아 우정의 맹세를 모래처럼 뜨겁게 했다. '영원히 변치말자'고.'

단발머리에, 아직 수영복도 제대로 채우지 못한 빈약한 소녀의 가슴. 그래서 더 헐렁하게 보이던 수영복에 딸딸이 신고 찍은 사진 만큼이나 낡아버린 그때의 일기장이지만 그 안의 추억만은 또렷하다.

어릴 때부터, 여대생이었을 때도, 어른이 되었을 때도, 내 가슴 속은 항상 비취색 바다가 출렁이고 있었다. 부산 해운대 바다의 부서지는 파도 앞에서 야릇한 카타르시스를 느꼈던 30대 여인 시절, 파도의 리듬에 맞추어 왈츠를 추곤 했었다.

뒤척이는 소리에 퍼뜩 정신이 들었다. 아직 자는 줄만 알았던 남편이 무뚝뚝하게 말을 건네왔다.

"잠 안 자고 거 서서 머하노?"

"머 하기는요! 옛 연인카 춤추고 있었지!"

그랬다. 난 돌아갈 수 없는 시절로 돌아가 나의 영원한 연인인 바다와 춤을 추고 있었다.

제2011-8호

열정감동 상

이동순

위 사람은 미시모델이 어울릴 것 같은 외모로 부엌하고는 먼 거리에 살 것 같지만 의외로 종갓집 종부로 완벽한 역할을 다하고 있으며 서울 부산을 오가는 바쁜 이중생활 중에도 수필을 향한 열정이 우리에게도 후끈 전해지기에 그 깡 영원하라고 새우깡과 함께 이 상장을 수여합니다

2011년 8월 25일
아가위 수필 문학회

습한 우울을 보내며

방승순
Bss202@daum.net

부엌에서 해방된 오전이다. 갠 날이 거의 없다시피 했던 장마였는데 오늘 모처럼 맑은 하늘이 열렸다. 바람까지 살랑살랑 불어 들어오니 창문을 활짝 열어 젖혔다. 소금기 같던 끈끈함을 날려버릴 수 있어서 칙칙했던 몸도 마음도 가뜬하다. 도로를 달리는 자동차 경적에서도 물기가 느껴지지 않는다.

고층 아파트나 상가 건물이 없는 우리 집 북쪽 풍경은, 개발이 제한된 지역이어서 한적한 시골 같다. 아스라이 바라보이는 산봉우리 앞으로 높고 낮은 다른 산봉우리가 겹겹이 펼쳐져 있다. 휘감기지 않고 길게 이어지는 능선의 끝이 보이지 않는다.

제일 가까이 있는 산 밑으로 공동주택에 편입되지 않은 기와지붕이 고만고만 앉아 있다. 색채가 제각각인 지붕 위에 쏟아지는 햇빛이 번잡스럽지 않고 온화하다. 볕을 받아먹는 지붕 아래 집집마다에 건강한 안도가 깃들고 있다.

날이면 날마다 연무 실루엣에 휘감겼던 침엽수조차도 오늘 활발한 광합성을 반길 것이다. 아파트 단지, 인공 숲에서도 비가 그친 것을 기뻐하는 매미들의 맹렬한 굉음이 들리기 시작했다. 농촌 수풀 속에서 들었던 매미 울음은 음통이 둥글고 부드러웠는데, 이곳의 매미들은 도시 소음을 능가하려는 의도인지 쇳소리를 낸다. 이 쇳소리 같은 매미 소리는 아마도 종족번식을 위한 절규이리라. 여름 한철을 살기 위해서 이 곤충들은 땅 속에서 7년 동안을 기다린다고 하니, 그럴 수밖에 없겠다 싶다.

아파트 산책로에 햇볕을 반기는 사람들이 팔을 휘저으며 더러더러 오고가는 게 내다보인다. 자동차에 생선이며 야채를 싣고 다니며 행상을 하는 아저씨의 확성기 소리가 카랑카랑 들려온다. 저 소리는 언제 들어도 고달프다. 동정심이 발동한다. 사람 살아가는 무게가 눈물겨워진다. 이제는 내 안에서 치유되어 스러져가고 없는 모질었던 여정이 상기되어서 애잔하다. 오래전 거칠고 절박했던 시장통 사람들의 아귀다툼도 떠오른다.

아직도 버릴 수 없는 내 꿈은 이 아파트에서 건너다보이는 산 그림자만으로는 만족하지 못해 때때로 우울하다. 오늘같이 쾌청한 날, 물보라가 토방까지 드나드는 섬마을 초막에 앉아 드넓은 바다를 내다본다면 참 좋을 것 같다. 이런 자유로운 꿈은 나를 행복하게 한다.

몇 시간 째 응시하던 풍경 속에서 내 그림자를 발견했다. 활짝 개어서 열린 하늘 가운데 축수가 수없이 번지고 있다. 인생길 7부

능선쯤에 이른 지금, 내 손을 필요로 하는 의무를 다하지 못해 마음이 편안하지 않기 때문이다. 후회 없는 삶이 어디 있으랴. 완전한 만족이 이 세상 어디에 있겠는가.

나보다 오래 산 사람들 얘기로는 잘했든 못했든 인생은 어차피 후회하는 동물이라고 했다. 내 가족 모두가 한 대문 안에서 살지 못한대서, 불행하다거나 눈물이 쏟아지는 것은 아니지만, 때때로 허허로움을 어쩌지 못한다. 그래서 나는 햇빛이 유난히 맑은 오늘 같은 날, 저 풍경 너머에 계신 시어머니를 그리워한다. 그분이 나를 괴롭혔던 일은 까마득하고, 우리 집 어느 방안에 계셨으면 얼마나 든든할까 아쉬워진다.

외로움이 때론 미움보다 더 견디기 어려운 것이란 생각이 드는 날이다.

제2011- 15호

참말로 좋은 날 상

방승순

위 사람은 도대체 언제 화를 낼까 궁금할 정도로 밝은 얼굴과 남을 칭찬하는 데는 인색하지 않고 스스로는 겸손한 모습이 한결같아 만날 때마다 참말로 좋은 날임을 느끼게 해주었으므로, 그 긍정의 힘을 존경하는 마음으로 부상으로 예쁜 머그잔과 함께 이 상장을 수여합니다

2011년 12월 22일
아가위수필문학회

오늘은 님이 가고

천나미
debora0307@daum.net

하늘여행을 떠난 지 백여 일이 되는 친구를 만나러 갔다.

고만고만한 무덤들 사이에 이름을 확인해야 만날 수 있는 내 친구의 안식처가 있다.

"베로니카야. 나 왔어."

차가운 비석을 만져보고 잔디를 쓸어보지만 시공을 달리한 곳에 있는 그녀는 침묵으로 나를 맞이한다.

"무정한 것, 너의 목소리 바람결에라도 들어보고 싶은데…."

봉분의 성근 잔디 주변으로 생전에 즐기던 파프리카 주스를 한 잔 따라 부었다.

아직도 나쁜 꿈이었으면 싶지만, 영면에 들어있는 친구의 실체를 확인하니 탄식이 다시 목구멍을 타고 오른다.

하루아침 한나절도 알지 못하고

해는 지고 새가 우는 인생 여정에
오늘은 님이 가고 내일은 내가 가리

어느 시인의 시구가 입안을 맴돈다.

여름 문턱, 열어둔 거실 창 너머로 개구리 합창이 절정이던 저녁 시간에 전화기에 친구의 번호가 떴다.

반가운 마음에 얼른 전화를 받았는데 대답이 없다.

재차 친구의 이름을 불렀다.

"이모, 이모…."

한참 만에 울먹이며 말을 잇지 못하는 친구 아들의 목소리가 들렸다.

"엄마가요, 지금 중환자실에 계시는데 위독하세요."

"뭐? 뭐라고. 엄마가 어떻다고?"

머리꼭대기에서부터 쫘악 내리는 냉기. 털썩 주저앉았다. 파들거리던 가슴에 마른바람이 어지럽게 일었다. 더듬거리며 친구남편에게 어찌 된 일이냐고 다시 물었다. 친구는 몇 시간 전에 급성심근경색으로 쓰러져, 응급수술로 인공 심장박동기를 달았지만 폐와 신장 등 다른 장기가 자가 기능을 못해 병세가 몹시 나쁘다고 했다. 어떻게 이런 일이… 머릿속이 엉켜서 정리가 되질 않았다.

길게만 느껴지던 천안행 열차를 기다리던 시각. 역사 담장의 흐드러진 넝쿨장미가 눈에 들어왔다. 다시 다리가 풀려 승강장에 주저앉아 버렸다. 친구의 몸을 힘차게 돌다 심장의 관상동맥 어느 부분을 막아버린 핏덩이도 저렇게 검붉은 빛이었을까. 무심한 장미송이들은 전등불 아래에 지독하게도 화려한 자태를 드러내고 있었다.

우리는 그랬다.

그녀와 나는 보편적인 수명을 다하는 날까지 서로에게 햇살이 되어줄 수 있으리라 여겼다. 소녀의 모습을 갖춘 이후부터 함께한 여러 추억들과 나눠가진 비밀. 때론 가족에게조차 말하기 싫은 일이 생겨 가슴에 담고 앓을 때, 그것이 치부일지라도 그녀에게만은 들추어 보일 수 있었다. 그때마다 내 편이 되어 품어주었기에 나는 위안을 얻었고 치유를 받았다. 내 소울메이트이었던 정애자 베로니카.

언젠가 그녀는 아흔을 훨씬 넘긴 친정아버지가 긴 투병의 현실을 받아들이지 못하고 생에 집착을 보이는 모습이 오히려 안쓰럽다며, 자신은 아쉬움이 남을 나이에 불러주시면 좋겠다는 말을 했다. 맞아 맞아하며 맞장구를 쳤다. 신의 영역인 죽음은 누가 먼저랄 것도, 이유도, 순서도 없는 여러 경우가 있다는 것을 잊은 채 우리는 그저 고상한 상식선에서의 죽음을 희망했다. 이렇게 급히 친구를 빼앗기게 될 줄은 모른 채….

"너는 너무 운동을 안 해서 걱정이야. 건강관리 잘 해. 우리 자주 보고 살자."

떠나기 2주 전 점심 먹다가 내 얼굴을 쳐다보면서 했던 친구의 마지막 말이다.

베로니카가 처한 현실을 받아들일 수 없어서, 지금 데려 가시기에는 나이가 아깝지 않느냐며, 우리들 곁에 남겨주시라고 생명주관자이신 분께 애원했다.

하지만 신의 스케줄은 멈춰버린 친구의 심장을 최첨단 의술로도 다시 뛸 수 있도록 허락하지 않으셨다. 많은 이들의 간절한 소생기도를 뒤로 한 채 본인 바람에도 훨씬 못 미친 나이에, 이승의 인연들과 영원한 이별을 했다.

죽음에 대한 예지는 인간에게 베푸는 신의 마지막 온정일까?

쓰러지기 3, 4일 전, 평소와 다르게 아들에게 자신의 주변을 소상하게 알려서 뜬금없다 여겼다고 했다. 친구는 급히 떠나면서도 성격대로 정리를 잊지 않았다.

장례기간 내내 진심으로 명복을 빌어주던 친구의 수많은 지인들을 만났다. 생전에 잘 살았구나 하는 생각에 고맙고 감사했다.

친구 남편이 해지하지 못한 휴대폰번호가 내 전화기에 뜨면 '생초목에 불붙는다'는 말처럼 아직은 가슴이 컥컥 막히지만, 흐르는 시간은 묘지 위 잔디가 생장하는 속도만큼씩 일상으로 나를 돌려주고 있다. 영생을 바라고 믿은 같은 신앙인이었기에, 나 또한 부름을 받는 날에 그리운 내 친구를 다시 만날 수 있기를 소망한다.
냉동실 문을 열면 붉고 노란 파프리카가 눈에 들어온다. 유난히 파프리카를 예찬하던 친구가 준 마지막 흔적이다. 앞으로도 꽤 오랫동안 냉동실 문을 열 때마다 어쩔 수 없이 친구의 부재가 떠올라 숨이 막히리라.

그래도 나는 내놓지 못한다.

제2012-20호

목소리마저 예뻐 상

천나미

위 사람은 아가위문학회의 공식 성우로서 비가 오나 눈이 오나 바람이 부나 날씨에 상관없이, 감기 몸살 오한 편도선 인후염 등 낭독을 방해하는 질병에도 굴하지 않고 차분한 목소리로 교과서를 읽어주어 면학 분위기 조성에 기여한 공이 컸음을 인정하며 이 상장을 수여합니다

2012년 7월 5일
아가위수필문학회

살아가는 날들은 다 아름답다

허경자
hosu1130@daum.net

샌프란시스코는 짙은 안개에 싸여 있었다. 거리에는 많은 사람들이 밀리듯이 오갔고, 그들의 의상은 사람들의 수만큼이나 다양했다. 오월인데도 한겨울에 입는 코트를 입은 사람이 있는가 하면, 민소매 차림의 여자도 같이 걸어가고 있었다.

전차버스가 한 대 멈춰 서자 많은 사람들이 한꺼번에 우르르 내렸고, 그만큼의 사람들이 또 우르르 몰려가며 전차에 올라타는 게 보였다.

유람선을 타기 위해서는 약간의 시간을 기다려야 했다. 그 부두에서 유명하다는 크림치우더를 하나 사서 먹으며 '피어39' 구역에 있는 각종 기념품 가게를 구경하고, 정박되어 있는 요트를 구경했다.

1000여 마리나 되는 물개들이 항구에 매어 놓은 부표 위에서 잠을 자거나 기지개를 켜며 누워 있었다.

가이드의 말이 해구신을 좋아하는 한국 사람들이 오면 '가라 가라' 하고 물개들이 소리친다고 해서 웃은 기억이 났는데, 흐린 날씨 탓일까. 그들은 그냥 웅크린 채 게으름을 피우고 있었다.

샌프란시스코는 겨울에도 따뜻한 줄 알았는데, 바람이 불고 안개비를 머금은 날씨여서 그런지 카디건을 걸쳤는데도 자꾸만 몸이 움츠러들었다.

그러나 전차버스와 빨간 소방차가 한가롭게 지나가고, 기둥과 처마에 페츄니아와 제라늄 등의 꽃 화분들이 달려 있는 가로등과 상점들은 무척 아름다웠다. 거리에도 곳곳에 작은 화단을 만들어 놓고 여러 가지 꽃들을 심어 놓아서 날씨와 상관없이 마음에는 아름답고 따뜻한 기분이 자리 잡았다.

부두와 상점들을 배경으로 웨딩사진을 찍는지 드레스 차림의 신부와 턱시도를 멋지게 차려 입은 신랑이 사진을 찍고 있었다. 나는 춥고 떨려서 자꾸 옷깃을 여미는데, 그들은 새로운 출발에 대한 기대 때문일까. 결혼이라는 환상이 주는 열기 때문일까. 엷은 옷차림인데도 서로 바라보는 눈길에 사랑스러움이 묻어나 보였다.

'정말 아름다운 때구나.'

내 인생에서는 그런 일들이 한 번도 없었던 것처럼 부러움이 내 속에서 자꾸만 곁눈길을 하고 있었다.

그들에게로 향하는 눈길을 거두며 지인들에게 줄 몇 장의 선물용 그림엽서와 열쇠고리를 사고 몇몇 상점들을 돌아보고 하는 사이에 유람선을 탈 시간이 되었다.

바람이 불면서 파도가 거셌다. 파도가 일면서 유람선이 지나갈 때마다 하얀 포말에서 튕겨 나오는 물방울이 바람에 실려서 얼굴에 뿌려졌다. 안개 싸인 몽환적 날씨 때문이었을까. 장소에 상관않는 서양 사람들의 스스럼없는 애정 표현에 눈길이 쏠렸기 때문일까. 초록색 눈이 아름다운 남자가 금발머리를 휘날리며 난간에 기대어 담배를 피우고 있는 모습에 자꾸 눈길이 갔다.

'태양은 가득히'에서 알랑 들롱의 눈빛이 저토록 섬세한 초록색이었던가. 가질 수 없는 것에 대한 갈망으로 일렁이던 그 초록색 눈빛을 선뜻 지우기가 힘들어 영화가 끝나고도 한참을 그 자리에 앉아 있었다. 그 눈동자에는 쓸쓸함과 안타까움, 환희와 헛된 갈망들이 아름다운 지중해의 바다물빛보다 더 아름다운 초록색으로 녹아 있었지. 그 초록색 눈동자는 내 영혼 속에서도 그와 같은 모습으로 남아 있어서 나는 그의 얼굴이 그려진 책받침을 사서 오랫동안 품에 안고 지냈었지.

그때의 생각이 났기 때문일까. 괜스레 사춘기 소녀 때처럼 마음이 흔들렸다. 사람의 몸이 늙으면 마음도 같이 늙어 가면 얼마나 좋을까. '오호라 나는 곤고한 사람이로다'라던 바울 사도의 탄식처럼 내 속에는 죄인이 하나 살아서 내 영혼을 파먹고 있는지, 육신은 끝없이 늙어가는데 마음은 더없이 청명하게 젊어지고 시와 때를 가리지 않고 그 사랑을 부러워하고 있으니….

이러할 때 내 영혼은 살아가는 일이 더없이 힘이 든다. 정직함과 순결함에 대한 나의 요구가 내 영혼 속에서 나를 응시하고 있음을 알기에.

마음 속의 생각과는 달리 짙은 안개 속에서 붉은빛 금문교의 다리는 빛나는 도도함으로 서서히 드러나고 있었다. 맑은 날 붉게 빛나는 금문교를 보지는 못했지만 짙은 안개 속에서 드러나는 그 모습도 아름다웠다. 금문교를 돌아서 나갈 때, 배의 갑판을 때리며 흩뿌려지는 안개비 속에는 이유를 알 수 없는 아쉬움과 그리움이 자꾸만 흘러 나와서 내 마음을 흔들었다.

여행의 마지막 날 내 마음을 흔드는 이 혼란스러운 감정들을 어떻게 설명할 수 있을까. 무엇 때문인지, 왜 그런지, 내 자신도 모르겠는데⋯.

지금은 관광코스로 이용하고 있지만, 한때는 흉악한 범죄를 지은 사람들을 가두었다는 알카트라즈 감옥이 안개 속에서 서서히 지나갔다. 그 감옥에서 일생을 보내야 되는 사람들이 자유를 꿈꾸며 끊임없이 탈출을 시도하면서도 성공하지 못했다는 이야기를 들었다. 그 이야기가 아니더라도 상어가 살고, 안개가 짙고, 물살이 거센 그 바다를 건너오는 일이 쉬워 보이지는 않았다. 그러면서도 그 안타까움과 절박함이 짙은 안개비 속에 서 있자니 조금은 이해가 되었다.

내 영혼 속에도 그러한 감옥이 하나 있어서 끊임없이 튀어 나오고 싶어 하는 일탈의 욕망을 가두어 가며 그 자유를 방해하고 있음을 알기에. 엄격함과 견고함으로 파수꾼을 세워둔 그 감옥 때문에 내 자유로운 영혼이 때로 얼마나 상처받고 힘들어 하는지를 알기에. 그들의 심정이 더 깊숙이 이해가 되었다.

그러나 생각해보면 일상의 매일 매일에 매임 없이 살아간다고 하는 이들 또한 온전히 자유롭다고 할 수 있을까. 그들 또한 자유롭게만 보이는 그 매일 매일의 삶 속에서 얼마나 벗어나고 싶어 하는가. 어쩌면 우리들의 영혼 자체가 커다란 감옥은 아닌지….

잠시 잠깐 내 마음을 어지럽히던 어두운 생각들을 끌어 모아서 알카트라즈 감옥의 깊은 곳에 내려놓았다. 그리고 돌아서 나왔다. 마음 한 켠을 그곳에 내려놓고 돌아서 나왔기에 어쩌면 살아가는 많은 날들이 조금은 시린 마음으로 살아가야 될지도 모르겠다.

그러나 살아가면서 모든 것을 자신의 생각대로 행하며 자유롭게 살아가는 사람이 몇이나 되겠는가. 알면서, 혹은 마음 아프면서도, 때로는 자신을 숨기면서 살아가는 게 인생이 아니겠는가.

흔들리는 마음 한 조각을 알카트라즈 감옥에 가두어 놓고 떠나오기를 잘했는지는 지금 이 시간 따져 보고 싶지 않다.

때로 흔들리는 마음 한 조각이 있었기에 내 인생이 조금은 유익했다 할지라도, 내 곁의 사람들에게 흔들리는 그 마음으로 상처를 준다면 그것 또한 또 다른 감옥을 짓는 일임을 알기에… 그저 견고한 그 감옥에 내 마음을 가두어 두므로 해서 조금은 불편하고, 조금은 쓸쓸하고, 조금은 내 영혼이 더 힘들어 할지라도, 그것 또한 이 땅에서의 인생의 한계임을 정직하게 인정하며 살아갈 수밖에.

흐린 날씨이지만 돌아온 부두에는 따뜻한 눈빛으로 우리를 맞이

하는 사람들의 밝은 웃음소리가 기다리고 있었다.

생각해 보면 감옥에서도 자유를 꿈꾸고, 돌아갈 곳이 있고, 밝은 웃음소리와 따뜻한 눈빛으로 기다려 주는 사람이 있다면 살아가는 날들은 다 아름다운 것 같다.

제2011-13호

그리고 아무 말도 하지 않았다 상

허경자

위 사람은 조신한 몸가짐, 조용한 목소리로 바위틈에 숨은 꽃 같은 인상이지만, 누구보다 아가위카페에 적극적으로 참여하고 합평회 때 다과를 준비하는 모습에서 세상에는 말보다 중요한 게 행동임을 몸소 보여주었으므로 부상으로 뚝배기와 함께 감사한 마음을 담아 이 상장을 수여합니다

2011년 12월 22일
아가위수필문학회

마스크

김진순
doksoman52@hanmail.net

유월의 강가는 온통 푸른빛이다. 지난 비로 하얀 망초와 엉겅퀴가 부쩍 키가 커졌다. 집 앞에 있는 강변을 한가로이 걷다가 유난히 뒤태가 아름다운 여성을 보며 앞모습이 궁금하여 다가가 보니 그녀는 분홍 마스크로 얼굴을 거의 가리고 있었다. 산책길에 마스크 착용을 하는 이들이 많이 늘었다.

햇빛을 차단할 목적으로 사용하는 경우라 해도 이를 바라보는 상대방은 매우 갑갑하다. 답답한 마음에 나는 그들의 마스크를 확 벗겨 주고 싶다. 황사가 지나면 점차 사라지려니 했으나 초여름이 와도 줄지 않는 마스크 족을 대하면서 이를 착용하는 사람들의 심리에 마음이 갔다.

요즘 마스크는 전에 보던 것이 아니다. 입가에 뚜껑을 달거나 콧구멍 덮개를 덧댄 것이 마치 탈바가지를 쓴 것처럼 얼굴 전반부를 다 가린다. 마스크의 색상이나 디자인도 실로 다양해져 마스크를 즐겨서 사용하는 이들이 늘고 있는 것을 알 수 있다. 점차 남의 시선은 아랑곳 하고 싶지 않다는 이들이 늘고 있다는 반증이 아닐까.

실제로 우리 아파트에 살고 있는 새댁과 강가를 같이 걸었어도 누군지 몰랐던 적이 있었다. 집 근처에 와서 마스크를 벗고 엘리베이터를 타고서야 서로를 알아보았다. 물론 그녀가 나를 모른 체 지나칠 수도 있었다. 혼자서 유유자적 걷고 싶어 하는데 아는 이들을 만나 방해받고 싶지 않아 그럴 수도 있다. 그렇다고 미리 안면몰수를 한 것은 아닌가 하여 눈치를 보게 된 적이 있었다. 그 후론 아는 사람을 만나면서도 아는 체 하여야 하나 망설여지곤 했다. 안면을 트고 지내던 사이라고 반드시 아는 체 할 필요도 없지만 이런 눈치를 보고 살아야 하는 세상이라면 살맛이 나진 않는다. 그 후, 나는 마스크를 한 사람들을 보면 알레르기 증상이 도졌다.

내 얼굴, 내가 가리는데 웬 시비냐고 내게 반문할지 모르겠다. 신체 중 유일하게 타인을 향해 열려있는 얼굴. 그러면서도 나만이 가진 특징을 잘 보여주는 곳. 혼자 힘으론 바라볼 수 없어 우린 꼭 거울을 보고서야 마주할 수 있어 우리가 사회적 존재라는 사실을 부정할 수 없는 대목이기도 하다. 때로 이를 가리고 싶은 의도로 마스크 착용이 느는 건 아닐까 생각한다.

이 좋은 계절에 각가지 마스크를 착용하고 강가를 산보하는 이들에게서 무언가 익명으로 숨고 싶은 사람들의 심리가 보이는 것 같다. 볕을 가리느라 신경을 쓰는 것이라고 해도 그들이 불쌍해 보이기는 마찬가지다. 사람들 나름대로 변명을 해대지만 그들과의 만남이 상큼하지는 않다. 때론 여러 사건 때문에 마스크를 쓰는 사람들도 늘어나고 있는 것도 사실이다. 앞으로야 대기 오염도 늘어 점차 마스크 족이 많아지는 것 같다.

예전에 자주 들었던 유행가 가사에 '얼굴이라도 마주쳐야 무슨 사연이라도 생긴다'는 내용도 다 옛날 노래인 것을. 마스크는 그럴 빌미도 차단하는 셈이니 세상이 날로 건조해지는 느낌이다.

몇 해 전 촛불 집회가 봄철 내내 이어졌었다. 구호만 외치던 시위가 마스크를 쓰고 나온 사람들이 늘면서 폭력성도 늘어갔다. 무고한 시민들이 많이 다쳤다. 그들은 마스크를 착용하고선 무소불위의 권력을 휘두르듯 하였다. 이런 경우 마스크는 복면을 가장한 무기이다.

아동 추행범이 현장 검증을 할 때도 어김없이 그들은 마스크를 착용하고 있었고, 은행을 털려는 범인도 신원을 가리겠다는 용도로 사용한 경우를 여럿 보아왔다. 이들은 마스크를 공격용으로 사용한 경우다.

마스크는 이용하는 사람에 따라 때로는 방어용이 되기도 하고 공격용이 되기도 한다. 이런 저런 이유로 마스크 사용이 늘고 있는 것이 안타깝다. 우리 국회에서도 마스크 착용에 대한 법률을(집시법) 제정하였다.

푸른 강가에서 이웃을 만나 가볍게 목례하며 스치는 장면은 아름답다. 산책길에서 우연히 만나 이루어진 사랑의 이야기는 이제는 고전 속에서만 가능한 이야기가 되어 버렸다. 수목들은 날마다 푸르러진다. 넉넉한 계절의 인심이 사람들에게도 스며들기를. 그리하여 점차 마스크를 사용하는 사람이 줄기를 바라며 집으로 돌아왔다.

제2012- 25호

아름다운 동행 상

김진순

위 사람은 조용하고 단아한 모습 그대로 앞서서 뛰어가는 사람들 뒤에서 서두르지 않고 천천히 걷지만, 그 걸음이 수필을 생각하며 관찰하고 사유하는 과정임을 우리에게 묵묵히 전해주어 곁에서 같이 걷고 싶은 마음으로 이 상장을 수여합니다

2012년 7월 5일
아가위수필문학회

만호리

배경령

서해대교 위에서 바다 아래를 내려다보면 평택항이 보인다. 그 마을이 친정엄마 고향이자 내 외가인 만호리 설가바위이다. 외할아버지와 세 분 외삼촌 내외가 대를 이어 살았던 곳이었다.

여름방학이 되면 '애들 보내라'는 큰외숙모 성화가 시작되었다. 엄마는 용산터미널 오전 9시에 출발하는 '289 만호리'행 버스, 운전석 옆 맨 앞자리에 나를 앉혔다.

운전수 아저씨는 늘 만호리, 누구누구 동생 혹은 오라버니뻘이었다. 내가 8살 때, 6살 난 어린 동생을 데리고 버스를 탈 때도 우리의 안전에 대해 집안 어른들은 큰 걱정을 하지 않았다. 만호리 누구누구가 되는 운전수 아저씨는 큰외숙모에게 우리를 인도할 때까지, 화장실 시중이며 점심밥, 간식까지 챙겨 먹여가며 운전을 했다. 만호리 누구누구인 것이 그 시절엔 절대적 믿음으로 통했다.

낡은 버스 안은 휘발유 냄새가 코를 찔렀고, 큰 엔진 통은 뜨거워

금방이라도 터질 것 같은 압력밥솥 같았다. 북어 대가리를 꽂고 고사까지 지낸 버스는 흙먼지 길에 푹 퍼지기 일쑤였고, 어린이와 노인을 제외한 승객 모두는 묵직한 보따리를 밖으로 내려놓은 다음 버스를 밀었다. 그때마다 신기하게도 시동이 걸렸고 승객들은 위기를 넘겨서 다행이라는 표정 외엔 불평 한마디 하지 않았다.

어디서고, 세워 달라면 세워 주고 태워 달라면 태워 주던 그 버스. 빠르면 저녁노을이 질 때쯤, 늦어지면 깜깜해서야 만호리 설가바위 앞바다에 만신창이가 되어 다다랐다.

육로가 발달하지 않은 시절, 하루에 한 번 정오에 떠나는 충청도 한진행 똑딱선이 있었다. 30리 바닷길을 오가던 똑딱선 소리가 멀리서 들리면, 갯벌에서 농게를 잡던 아이들도, 바다에서 자맥질하던 아이들도, 바위에서 대꼬치로 망둥이를 잡던 아이들도, 배에서 내린 생선을 고르며 집안 일손을 돕던 아이들도 선창가로 모여들었다.

아는 척하는 이도 없고, 반기는 이도 없는데, 그저 저희끼리 끼득거리고 마음 설레며, 오가는 이를 맞이하고 보냈던 작고 한적한 선창가⋯ 삐걱삐걱 뗌마를 노 저으며 고기를 가득 싣고 돌아오실 외삼촌을 기다리던 갈매기 소리 가득한 선창가⋯ 그 선창가 앞에서 바다를 바라보면, 목을 쭉 빼고 발돋움을 하지 않아도 보고 싶은 것은 다 보였다.

만호리 설가바위는 어부들의 자랑인 큰 고기가 많이 잡힌 황금어장이었다. 민어, 준치, 삼치, 강다리, 황새기, 밴댕이, 박대, 가

오리, 갈치, 새우, 꽃게, 꼴뚜기, 망둥이, 바닷가재….

겨울이 되면 외지로 시집간 누이도, 꿈을 찾아 도시로 떠난 사람들도 굴을 따러 설가바위로 돌아왔다. 굴은 가격이 높아 애쓴 만큼 제법 큰 목돈을 만들어주었다. 썰물 때 드러난 겨울 바위는, 때이른 배꽃이 만개한 듯 하얀 꽃망울을 터뜨렸다. 큰 대접에 굴을 담고 외숙모가 만든 양념장에 비벼 후루룩 마시면, 머나먼 남극의 바다향기까지 가슴으로 쏟아졌다.

설가바위 바닷가는 온통 갯벌인데 용바위 쪽에 모래사장이 조금 있었다. 간혹 그곳에 텐트를 치는 외지인을 노릿꾼이라 불렀는데, 무전여행을 하는 학생들이 대부분이었다. 한나절도 지나지 않아 추측된 노릿꾼의 신상 정보가 아이들 입을 통해 마을에 퍼지면, 나이 찬 처녀들은 용바위 쪽을 힐끔힐끔 바라보며 여린 가슴을 앓았다. 누구라 할 것 없이 소라건 생선이든 건네며 바다에서 위험하게 놀지 말라며 안전을 당부했다. 노릿꾼들이 떠나면 아이들은 텐트 걷은 빈자리에 주저앉아 아쉬워하고 그 자리에서 한참을 놀다 돌아갔다. 어른들은 청년들이 무사히 잘 놀다 갔다고 서로에게 소식을 전하며 그들의 무탈함에 안심했다.

그 선창가를 뒤로하고, 포플러나무 몇 그루가 하늘 높이 자란 논두렁을 지나, 홍송이 울창한 황톳길을 지나면, 인우굴 큰댁이라고 불리던 외가에 도착했다. 비록 어린 손님이지만 서울에서 손님이 내려온 것은 작은 마을을 궁금하게 만들기 충분했다. 마을 어른들은 밭에서 딴 참외든 가지든 아침 배에서 잡은 성게든, 손에 들고 일부러라도 인우굴집에 들렀다. 내 머리를 쓰다듬으면서 그 동안 얼마나 컸는지, 서울로 시집간 엄마는 어찌 사는지 이것저것 안부를 물었다.

한여름 밤 넓은 앞마당에 멍석을 여러 개 깔아 놓으면 서울 동무 왔다고 동네 아이들이 삼삼오오 찾아들었다. 큰외숙모는 모기 쫒는 쑥 연기를 피워 놓고, 옥수수랑 감자를 쪄오셨다. 이때, 동네 아이들 앞에서 노래든 춤이든 큰외숙모가 시키면 시키는 대로 벌떡 일어나 재주를 뽐내야 했다. 난 언제나 큰외숙모를 실망시키지 않아야 했다. 그래야 큰외숙모 어깨와 목소리에 힘이 들어가고 큰댁 곳간 열쇠를 허리춤에 차신, 당당한 종부의 카리스마가 유지되기 때문이었다.

아이들은 금방 친해져 수건돌리기도 하고, 편을 갈라 '우리 집에 왜 왔니 왜 왔니' 고래고래 소리도 질렀다. 그러다 지치면 벌러덩 누워 '별 하나 별 둘 별 셋'을 찾았다. 한여름밤의 끝은 큰외숙모가 지어낸 달나라 별나라 이야기를 들으며 꿈나라로 갔다.

시골의 새벽은 닭 우는 소리에 밝아 오지만, 인우굴의 새벽은 외할아버지 시조 읊는 소리에서 밝아왔다. 외할머니는 6·25사변 당시, 엄마 11살 때 돌림병으로 돌아가셨다. 큰외숙모는 평생을 수절하는 시아버지의 큰며느리임을 자랑스러워하며 절대복종과 존경심으로 외할아버지를 모셨고, 그만큼의 권력도 가졌다.

만호리에는 당제를 올리는 신당 산이 있었다. 아홉 살 때인가, 친척 오빠와 아이들을 따라 산에 갔다. 꽃망울만한 산딸기가 지천으로 널려 있었다. 산 중턱쯤 데리고 가더니, 오빠들은 신당 산에 사는 귀신이 일 년에 한 번 어린 여자아이를 잡아먹는 다는 둥, 흰색 윗도리에 노랑 치마를 좋아 한다는 둥, 머리는 하나로 묶은 긴 머리를 좋아한다는 둥 말해주었다.

산딸기를 따는 재미보다, 무서운 생각이 들어 오빠를 소리 내어 불러봤지만 아무도 없었다. 땡볕 속에 울며불며 산을 뛰어내려 오면서 빨간 산딸기를 흰 블라우스와 노랑치마에 문지르고 또 문질렀다. 옷은 붉게 물들어졌고 그래서인지 그날 귀신이 나를 잡아가지 않았다.

평택항 개발이 계획되던 80년대, 간간이 외지인들이 마을로 땅을 사러 들어올 때도 동네는 조용했다. 90년대 본격적인 보상이 시작되면서 마을이 술렁이기 시작했고 온 마을은 싸움터가 되었다. 형제가 싸우고, 사촌이 싸우고, 부모와 자식이 싸우고, 이웃이 싸우고, 부부가 싸웠다. 작은 야산 보상비가 10억이 되었으니 대지, 전답, 그리고 영업권이 있는 배가 싸움의 원인이 되었다. 가히 상상도 할 수 없는 보상액이 마을로 들어왔다. 변호사와 법무사가 부지런히 마을을 찾았다.

누군지 본 적도 없는 친척들이 생겨나기 시작했다. 잘 찾아오지도 않던 자식들, 사위들, 조카들까지도 수시로 마을을 찾아 감 놔라 대추 놔라 참견을 하며 언성을 높였다. 집안의 질서가 무너졌고 마을의 질서가 무너졌다.

새벽이면 바다로 들로 나가 자연과 더불어 무심히 살던 마을 어른들은 누구를 의지해야 할지 알 수 없었고, 그저 삶에 터전인 바다를 버리고 고향을 떠나야 한다는 불안감에 시름만 늘어갔던 세월이었다.

만호리를 뜨겁게 달구던 보상비는 마른하늘에 쏟아진 소낙비에 휩쓸려 강물로 떠내려갔고, 마을 어른들은 어디론가 흩어져 이런 저런 서로의 상처만 안은 채 노환이나 병으로 돌아가셨다.

신당산은 지금의 포승공단 자리가 되었고, 처녀들 가슴을 뛰게 하던 용바위는 항만건설 때 부서져 형체도 남아있지 않다. 만호리 설가바위 선창가엔 평택항이 우뚝 서 있다. '평택항 국제여객 터미널'이란 글귀엔 네온사인이 반짝인다. 한진행 똑딱선은 보이질 않고, 이국을 오가는 카페리호가 낯설게 손님을 맞는다.

이른 새벽 고기 잡으러 바다로 떠난 외삼촌 뗌마는, 아무리 기다려도 바다를 건너 올 줄 모른다.

어느 수도원 피정의 집에서

백만기
eggtree@daum.net

일전에 지인 한 분이 어느 모임에 가입해서 활동을 같이 하자고 제게 권유를 한 적이 있습니다. 회원들의 면면을 소개하며 괜찮을 것이라는 말을 덧붙였지요. 이름만 대면 알 만한 분도 있고 모두 다 훌륭한 분들이었습니다. 하지만 조금 생각한 후 완곡하게 거절을 했습니다. 지금 맺고 있는 인연도 관리하기 어려운데 새로운 인연을 맺는다는 게 아무래도 자신이 없었지요. 좀 서운해 하는 눈치인데 어찌하겠어요. 나이가 들어 깨닫게 된 것 중 하나가 내키지 않는 일은 처음부터 하지 않는 겁니다.

사회생활을 하다보면 이런 저런 모임에 참석하게 되잖습니까. 그런데 어느 모임에 가보면 공연히 참석했구나 하는 생각이 날 때가 있습니다. 우선 사람들이 많으면 관심사가 다를 뿐더러 진솔한 얘기를 나누기가 어렵더라고요. 그리고 서로 상대를 배려하느라 어쩔 수 없이 마음에 없는 말도 하게 되고요. 그러다 보면 문득 외로움을 느끼곤 합니다. 군중 속의 고독이라고 할까요. 아마 저뿐만 아니라 현대인이라면 가끔 겪는 일이겠지요. 이런 모임에 다녀오면 왠지 모르게 허전한 마음이 듭니다. 차라리 혼자 책이나 볼 걸 그랬다는 생각도 나고요. 그걸 어느 학자는 정서적 허기라고 하데요.

오십이 넘은 지 얼마 되지 않아 먹고 살기 위해 하던 일은 이제 그만 두자는 생각을 했습니다. 검소한 생활을 하면 입에 풀칠은 할 수 있을 것 같은 생각이 들었거든요. 그리고 무엇보다 번거로움을 피해 저 자신을 위한 시간을 갖고 싶었습니다. 아쉬움이 없는 건 아니었지만 그동안 삶의 터전이 되었던 직장에 사표를 냈습니다. 그리고 시 외곽에 조그만 사무실을 마련하여 그곳으로 출근하고 있습니다. 벌써 여러 해가 되었네요. 어떤 때는 일기가 좋지 않아 밖을 나서는 게 귀찮기도 하지만 집에 있으면 아내의 눈치가 곱지 않을 테니 습관처럼 집을 나섭니다. 그곳에서 책을 보고 글도 쓰며 주로 혼자 지냅니다. 어떻게 보면 감사해야 할 일이지요. 그런데 혼자 있다 보면 가끔 외로울 때가 있습니다. 왜 그렇지 않겠습니까. 인간이라면 누군가하고 생각을 나누고 싶을 테니까요.

최근 루소의 글을 읽었습니다. 그는 책에서 혼자 있는 것을 찬양하더군요. 특히 개를 데리고 산책을 할 때 누군가 아는 사람이라도 만날까봐 조바심까지 느낀다는 겁니다. 겉치레라도 인사를 나누어야 하고 그러다 보면 혼자 사색에 잠길 수 있는 시간을 빼앗기게 된다는 거지요. 이웃들과 가볍게 눈인사 정도 교환하는 건 괜찮지 않을까 하고 생각하는데 아마 그는 그런 시간도 방해받고 싶지 않은가 봅니다.

하긴 혼자 있는 즐거움도 있긴 합니다. 특히 음악을 들을 때는 혼자 들어야만 그 속에 몰입할 수가 있지요. 아마 그림을 그릴 때도 마찬가지일 거예요. 독서를 하거나 등산을 할 때 그리고 루소처럼 호젓이 산책을 할 때도 오히려 혼자 있는 게 나을 수도 있겠네요. 커피 한 잔을 할 때도 혼자 마시는 게 그 맛을 제대로 음미할 수도 있을 테고요. 그러다 보니 혼자 있어야 하는 시간도 꽤 많습니다.

어느 현자는 혼자 있어야만 비로소 자기의 내면을 들여다볼 수 있다고 합니다. 그때만이 또 다른 자기와 얘기를 나눌 수도 있다고 하면서요. 그런 시간을 자주 가져야겠다고 다짐하곤 하지만 항상 삶에 쫓기다보면 그게 쉬운 일은 아니지요. 사실 지금 저는 혼자 있긴 합니다. 그제 가방을 꾸려 멀리 떨어져 있는 어느 수도원 피정의 집에 와 있으니까요. 현자가 얘기한 그런 시간을 갖기보단 그냥 좀 쉬고 싶었습니다.

이곳 수녀님이 차려주는 밥을 먹고 저녁에 혼자 산책을 하다 보니 앞의 루소의 글이 다시 생각났습니다. 하긴 이곳에서 아는 사람을 만날 가능성은 거의 없지만요. 혼자 있다 보니 제가 하고 싶은 일도 할 수 있고 또 느긋하게 여유를 부릴 수도 있으니 좋습니다. 독방에 들어와 앉아 독서를 하는 것도 괜찮고요. 조그만 방에 1인용 침대 하나와 작은 책상 하나 그리고 간단히 세수도 할 수 있는 작은 세면실. 창문을 열면 싱그러운 바람도 느낄 수 있고 별도 볼 수 있습니다.

자유가 없어서 그렇지 감방도 이러지 않을까 하는 생각도 해보았습니다. 독립운동을 하다가 옥고를 겪었던 남강 이승훈 선생이 감옥에 있을 때 그렇게 기쁘지 몰랐다고 한 글을 오래전에 읽은 적이 있습니다. 그분이 성경을 가까이 한 곳이 바로 감옥이었다는 거예요. 비로소 그때야 성경을 제대로 볼 수 있었던 거지요. 그분이 감옥에서 혼자 있었던 경험이 오히려 전화위복이 되었던 셈입니다.

이야기가 비약을 좀 했습니다. 어쨌든 혼자 있는 시간이 필요하긴 할 겁니다. 얼마 전 친구가 메일을 보내면서 박완서의 말을 인용했었습니다. 10년만 더 젊었더라면 산 속에 들어가 자기의 양심에 따라 착하게 살고 싶다는 거였지요. 그 글도 결국 혼자 있고 싶다는 얘기 아니겠어요. 친구도 그 글을 읽으면서 그분의 생각에 동감을 하더군요. 저도 고개가 끄덕여지는 걸요. 그럼에도 불구하고 가끔 누군가가 그리워지는 것은 왜 그럴까요. 아마 제가 성숙하지 못해서 그러하겠지요. 어느 분은 신의 품에 있을 때가 제일 좋다는데 아직 나는 그걸 잘 모르겠습니다. 문득 오래전 읽었던 지란지교의 관계가 생각납니다.

> 나는 많은 사람을 사랑하고 싶진 않다. 많은 사람과 사귀는 것도 원치 않는다. 나의 일생에 한두 사람과 끊어지지 않는 아름답고 향기로운 인연으로 죽기까지 지속되길 바란다. 우리는 푼돈을 벌기 위해 하기 싫은 일은 하지 않을 것이며, 천 년을 늙어도 항상 가락을 지니는 오동나무처럼, 일생을 춥게 살아도 향기를 팔지 않는 매화처럼, 자유로운 제 모습을 잃지 않고 살고자 애쓰며 격려하리라. 우리의 손이 비

록 작고 여리나, 서로를 버티어 주는 기둥이 될 것이며, 눈빛이 흐리고 시력이 어두워질수록 서로를 살펴주는 불빛이 되리라.

참으로 가슴을 울리는 글입니다. 살면서 이런 연을 맺을 수 있으면 얼마나 좋겠습니까. 그런데 과연 그런 분을 만날 수 있기나 할까요. 글쎄요. 그러지는 못하더라도 관심사가 같은 사람, 같은 책을 읽고 같은 생각을 하는 사람, 존경하는 인물이 같은 사람, 감동을 받은 지점이 같은 사람, 삶의 지향하는 바가 같은 사람, 그런 사람을 만나는 것도 큰 복이라고 생각합니다. 날이 밝아 오고 있네요. 오늘은 이만 줄이겠습니다. 항상 건강하고 좋은 뜻 펼치기를.

제2012-24호

향기로운 상

백 만 기

위 사람은 언제든 찾아가면 음악과 향기 좋은 차, 좋은 사진과 그림으로 가득한 카페를 열어 회원들의 정을 돈독하게 해주었을 뿐 아니라 문화적 갈증을 해소 시켜주는데 일조한 공로에 감사를 드리며 이 상장을 수여합니다

2012년 7월 5일
아가위수필문학회

3

장홍군

이혜숙
(신이혜숙)

천나미

조영주

최장순

이채원

김영숙

허경자

강태홍

거위가 왕이 되다

장홍군
jhg032000@yahoo.co.kr

'우물쭈물 하다가 내 그럴 줄 알았지' 영국 극작가 버나드쇼의 묘비명이다.

살면서 후회하지 않고 사는 길, 죽기 전에 꼭 해야 할 일, 어떻게 사는 게 최선인가는 각자의 철학과 가치관에 따라 다르겠지만, 세월이 흐르면서 이제라도 내가 행복하고 주변사람들과 함께 행복할 수 있는 길을 찾고자 할 때였다. 신문 사이 전단지에 연극단원 모집이 눈에 들어왔다.

호기심이 생겨 바로 전화를 걸어 입단이 가능한가 물으니 열정과 에너지만 있다면 누구든지 입단이 가능하다고 했다. 약속 날짜에 면담을 하러 가면서 혹시 오디션이라도 보면 어쩌나 했는데, 다행히 면담만 하고 연극수업에 출석하게 되었다.

극단은 2006년 창단해 매년 성남아트센터 400석 규모의 극장에서 공연을 해왔다. 이번에는 안데르센의 '미운오리 새끼'를 러시아 극작가 아돌프 샤피로가 사회풍자극으로 각색한 '덴마크 이야기'를 공연할 예정이었다. 단원들은 20~60대의 연예인 지망생, 직장인, 교수, 전직교장, 가정주부 등 다양한 계층의 사람들이었다.

한두 달 동안 호흡법, 발음과 발성, 표정 연기 등 기초 훈련을 받고 대본 리딩에 들어갔지만, 경상도 출신이라 발음이 문제였다. 특히 'ㅕ'와 'ㅡ'발음이 어려웠다. '명절'을 '맹절', '즉시'를 '적시'로 발음하니 웃음거리가 되기 일쑤였다. 게다가 억양을 교정하기가 쉽지 않아 연출자로부터 지적 받으면서도 몸에 밴 습성이 단 시간에 고쳐지지 않아 애를 먹었다. 그래도 새로운 도전에 흥미가 생긴 건 틀림없었다.

두 달 후, 작품에 등장하는 배역을 정하는데 난 목소리가 커서인지 거위와 야생거위 1인 2역을 맡았다. 배역을 맡고 대사를 익혀야 하는데 이번엔 암기가 잘 되지 않았다. 그런 상태로 블로킹에 들어가니 애써 암기한 대사를 상대역의 대사와 연결하여 자연스럽게 연기해야 하는데 그러질 못했다. 자꾸 더듬거려 곤혹스러웠다.

또한 극 중에 몇 곡의 노래와 안무를 여섯 명이 함께해야 하는 장면이 있는데 이것 역시 서툴러, 노래를 외우기 위해 출퇴근 시간에 혼자 운전하며 CD를 따라 부르며 익혔고, 안무는 새벽에 욕실 파우더 룸에서 누가 보지 않게 눈치껏 연습을 했다.

하지만 내 일상과 캐릭터가 너무 다른 거위 역인 것이 창피해 주변에는 연극한다는 것을 숨기고 몰래 다녔다. 특히 연극 첫 장면 프롤로그에서 "영리하고 재빠른 거위, 그는 항상 배가 고팠기 때문에 배 채울 데를 찾아다녀…"라고 소개하면, 내가 출연해 "아이, 배고파! 뭐 먹을 거 없나? 뭐 숨겨둔 것 있으면 내놔 봐" 하며 이리저리 먹을 것을 찾아 헤매는 동작과 배고픈 표정 연기를 해야 하는데 도통 내키지도 않고, 혹시 아는 사람이라도 볼까봐 신경이 쓰였다.

또 극 중에 수탉이 "야, 거위. 너 한 마디만 더 떠들면 주둥이로 확 쪼아 버릴 거야, 수탉의 쓴맛을 보여주지" 하며 달려들면 "발톱 치워, 이 악다구니야!" 하면서 서로 엉켜 몸싸움 하는 장면도 남들은 재미있다고 웃었지만 난 어색했다. 그리고 야생 거위 역에서 트위스트 춤을 추는 장면은 속으로 별짓 다한다며 민망해했다.

공연 당일 새벽부터 극장 대기실에서 무대의상으로 갈아입고 거위로 분장을 하는데, 생전 처음 속눈썹까지 붙이고 리허설을 하고 나니 공연이 실감났다. 수개월 간 작품을 함께 연습해 왔던 배우들과 멋지게 잘 하자며 파이팅을 외쳤지만, 오로지 내 역할을 실

수 없이 잘해야 한다는 생각 외는 아무 생각도 나지 않았다.

최선을 다해 2회의 저녁 공연까지 성황리에 마쳤다. 나를 찾는 사람이 있다고 해 로비로 나가보니 회사 직원 두 명이었다. 회사에 출근도 하지 않고 스케줄에는 극장 공연이 명기되어 있어 와 보니 내가 배우로 출연해 놀라서 관람을 했단다. 한 명은 연극에 별 취미가 없어 관람 중에 잠시 조는데 갑자기 "왜 새벽부터 돼지 멱따는 소리냐?"며 잠을 깨운 수탉에게 항의하는 내 목소리에 깜짝 놀라 정신이 번쩍 들었다고 했다. 얼굴이 화끈거렸다.

이제 2년 차 정단원으로 셰익스피어의 「한여름 밤의 꿈」 공연 준비를 하고 있다. 금년에는 여러 사정으로 기존단원들이 공연에 빠지게 되어, 신입단원들이 일부 중요 배역을 맡고, 나는 숲의 요정 왕 오베론의 역할을 맡게 되었다.

어느새 신입단원들에게 조언하며 연기 지도를 하고 있는 나. '작은 배우는 있어도 작은 배역은 없다'는 연출자의 말을, 전체 그림보다 내 체면만 의식했던 예전의 내 모습을 신입단원들에게서 발견하면서 알 듯하다. 대본을 읽어보니 이전의 배고픈 거위 역에서 이제 요정 오베론 왕의 모습으로 완전히 변신해야 한다. 내가 아닌 또 다른 정체성으로 얼마간 살아본다는 건, 연극의 큰 매력이지 싶다.

'인간은, 인생이란 무대의 배우'라고 했던가? 지금까지 살아오면서 난 나에게 주어진 역할을 얼마나 잘 해냈던가 회상하면서 나에게 남아 있는 인생무대가 언제까지일지는 알 수 없지만, 오늘 바로 지금에 최선을 다하고, 더 가치 있는 일을 하면서, 물 한 잔이라도 떠다주는 가슴 따뜻한 배우로 오래도록 살고 싶다.

제2012-18호

원조 카리스마 상

장홍균

위 사람은 아가위문학회에 남성 회원이 턱없이 부족하여 가뭄 현상이 지속되는 때에 일당백의 단비 같은 등장으로 모두의 환영을 받았으며 부드러운 카리스마로 회원 간의 돈독한 화합을 위하여 온몸을 아끼지 않고 노력하였기에 그 공로에 감사드리며 이 상장을 수여합니다

2012년 7월 5일
아가위수필문학회

아이가 울고 있다

이혜숙(신이혜숙)

비 오는 저녁이다. 남편과 들른 감자탕 집은 자리가 몇 없다. 밥보다는 술 한 잔 생각나 간 집이라 김이 서려 부연 실내와 왁자지껄한 분위기가 싫지 않다. 우리처럼 술 고픈 사람들이 비를 핑계로 술잔을 나누고 있는 것처럼 보여 오히려 정겹다.

그런데 뒷자리에서 째지는 여자의 목소리가 들린다. 누가 싸우나 싶어 돌아보니, 여자 혼자 소리를 지르고 있다. 맞은편에 누가 있긴 하다. 두꺼운 파커에 묻혀 머리만 조금 드러난 초등학생 남자 아이.

엄마로 보이는 여자는 벌써 세 병째 소주병을 따고 있다. 저녁 시간에 식당에 온 모자치고는 분위기가 이상하다.

"내가 못 배운 놈 만나서 너 같은 걸 낳은 거야!"

"난 지금도 니가 내 아들이 맞는지 모르겠어. 아니 아니면 좋겠어. 너만 안 나왔어도…."

아이는 고개를 푹 숙인 채 한마디 대꾸도 없다. 어쩌면 휴대전화만 만지작거리고 있는지도 모른다.

시킨 감자탕이 나왔는데도 숟가락을 대볼 생각도 못한 채 내 귀는 이미 그들의 테이블에 가 있다. 뒷자리라 자주 돌아볼 순 없지만, 난 아이가 게임에 몰두하고 있길 바란다. 제 엄마가 뭐라고 지껄이든 미친 듯이 엄지손가락에 집중하기를. 근처 초등학교에 다닐 텐데, 같은 반 친구라도 만나면 어쩌나. 엄마의 폭언보다 그게 더 두려울 것 같아서 내가 다 초조하다.

"니가 날 속였지, 나쁜 놈."

아이한테 하는 소린지 남편한테 하는 소린지 여자의 말이 오락가락해질 즈음, 아이는 조용히 맞은편으로 건너가 엄마에게 옷을 입힌다. 실컷 퍼부었는지 여자도 그쯤에서 비틀거리며 일어난다.

여자가 카운터에서 계산을 하는 동안 아이는 우산을 펴고 기다린다. 제 가방과 엄마의 백까지 메고 아이는 엄마의 허리를 잡고 빗속으로 사라진다.

깨끗이 치워진 뒷자리는 이내 다른 손님들의 차지다. 조용해졌으니 이제부터 감자탕을 먹어도 될 텐데 나는 이미 밥맛도 술맛도 당기지 않는다.

결국 먹는 둥 마는 둥 우리는 일어선다. 비는 그칠 줄 모른다. 돌아오는 차 안에서도 내 마음은 개지 않는다.

아이는 조용히 있었지만 내겐 속울음 소리가 들린다. 무표정한 아이가 온몸으로 매를 맞고 있는 것도 보인다. 그 매를 맞으며 오그릴 대로 오그려 옷밖에 보이지 않던 아이를. 그러나 나는 모른 체 하고 만 것이다.

답답하여 차 창문을 조금 내리자 빗줄기가 쏟아져 들어온다.

"나를 보는 것 같아."

"무슨 말이야, 여기서 당신이 왜 나와?"

남편은 모른다. 어떤 엄마는 손으로 말로 때리지 않아도 아이에게 상처를 준다는 것을.

내 아이는 저 아이보다 어렸을 때 술 취해 비틀거리는 엄마의 손을 잡았다. 걸음마를 뗀 지 얼마 되지도 않은 나이였다.

아이와 버스를 타고 오다가 집만 아니면 어디라도 좋을 것 같은 심정으로 차에서 내려 길을 건넜던, 어스름 무렵에 허름한 밥집에서 처네를 풀고 밥 한 그릇 술 한 병을 시켰던, 아이 입에 밥 한 술, 내 앞에 술 한 잔 따랐던….

오래 되었어도 생생한 그날을, 어렸던 아이는 기억 못할 거라고 해도 나는 자유롭지 못하다. 소리 지르지 않았고 때리지 않았다 해도 그날 아이는 상처를 입었을 테니까. 저를 쳐다보지도 않는 퀭한 눈동자, 일어날 때 비틀거리는 걸음걸이를 보면서 아이는 문득 엄마가 아닌 낯선 여자를 보는 것 같았을 것이다.

불안한 아이는 눈치를 봤다. 투정도 하지 않고 주는 대로 밥을 받아먹었고 몇 시간이고 얌전히 앉아 있었다. 집에서 나올 때는 업혔던 아이가 신호등 앞에서 엄마의 손을 꼭 쥐고 서 있었다.

"엄마, 우리도 빨리 뛰자."

뒤뚱거리면서 손을 놓지 않고 앞장서던 아이. 그때 세 살짜리는 저 아니면 엄마를 보호할 사람이 없다는 것을 알았던 것일까. 신호등이 바뀌기 전에 사람들 속에 섞여 건너야 한다는 것을 처음 깨달았을 때 아이는 얼마나 무서웠을까. 엄마조차 없는 도로 한복판에 혼자 남은 아이….

며칠이 지나도 그 여자가 밉다. 아니 시시각각 일부러 그 여자를 떠올리면서 미워하려고 한다. 나서지 못한 지금의 나도 기억 속의 나도 같이 괴롭힌다. 그래야 조금이라도 잘못을 덜어낼 것처럼.

그러다 어느 날, 불현듯 운다. 한참을 미워해도 풀지 못했는데, 어떤 조각 하나가 불쑥 떠올라 울음 주머니를 터뜨린다. 상처를 준 아이들에게 미안해서가 아니다. 속울음과 쓴 뿌리를 안고 키우고 있었던 나를 보았고 그 여자를 보았기 때문이다.

엄마 노릇을 못했다는 자책감에 가려 보지 못했던 내 상처. 집이 위안이 되기는커녕 떠나고만 싶었던, 하루하루가 버거워 견딜 수가 없었던 절망. 아무렇지 않은 듯 돌아가기 위해서는 밖에서 몇 시간이나마 벌어야 했던 그때. 혼자였다면 좋았을 것을, 그럴 수 없어 아이에게 밥을 먹이며 술을 마셨던 젊은 엄마가 수면 위로 떠오른다.

그 여자도 마찬가지였을 것이다. 술에서 깨었을 때 입이라도 쥐어뜯고 싶은 고통을 맛보았을 것이다. 인사불성이 되어 소리 지를 수밖에 없었던 그 여자의 절망이 고스란히 보인다. 차라리 혼자 마시고 취해버렸다면 홀가분해졌을지도 모르는데, 여자는 아이에게 밥을 먹이려고 데리고 있었다. 어쩌면 너무 외로워서 아이라도 곁에 두고 싶었을까.

여자 안의 여자가 울고 있다. 내 안의 나도 운다. 어른이 되었어도 누구에게도 위로 받지 못했던 아이가 웅크리고 앉아 운다. 받고 싶은 위로를 고작 분노로밖에 표현할 수 없었던 게 미안하고 부끄러워, 헉헉 느껴 운다.

그래도 그 울음을 잦아들게 하는 것은, 혼자 있게 두지 않은 아이.

같이 밥을 먹어주고, 옷을 입혀주고, 우산을 씌우고 허리를 감싸준 내 아들, 그리고 수없이 손을 잡아준 내 아들… 고맙다.

제2012-29호

남아서 주는 상

이혜숙

위 사람은 다른 사람 다 주는데 안 주면 삐져서 대성통곡하여 수업 분위기를 망칠까봐 미연에 방지하는 차원에서 상장을 수여합니다

2012년 7월 5일
아가위수필문학회

영혼의 비타민

천나미

햇살조차 나른하던 어느 주말 오후. 지속되는 불면에 머릿속은 엉키고 심신은 낙지처럼 늘어졌다. 잘 보관한다고 어딘가에 넣어둔 물건을 오전 내내 찾아 헤맸다. 부쩍 심해진 건망증. 찾기를 포기하고 책을 펼쳐들었지만 활자는 눈앞에서만 알짱거렸다. 이리저리 TV 채널을 돌려봐도 그저 그런 예능프로와 연속극. 그런데 어느 순간, 극중 대사가 귀에 들리기 시작했다.

"얼마나 길게 사느냐가 아니라 기억이 사라지면 나도 사라져 간다는 거죠. 그럼 나는 뭐가 되는 건가요?"

나지막한 톤으로 이어지는 여자의 긴 대사. 언젠가 예고를 하던 '김수현 표'로구나. TV 화면에 시선을 고정했다. 두 회를 내리 시청했다. 재미있다. 다음 회가 빨리 보고 싶을 만치.

모든 것을 다 갖춘 남자와 어려서 부모에게 버림받고 소녀가장이 된 여주인공이 뜨겁게 사랑하다 이별을 했다. 그 남자에게는 집안끼리 정혼한 약혼녀가 있었기 때문이다. 이별 직후 여주인공은 암보다 더 무섭다는 '알츠하이머' 진단을 받는다. 신파다. 그런데 이 뻔한 신파의 덫에 걸렸다. 단 두 회를 시청하고서. 회를 거듭할수록 극에 빠져들었다. 사랑과 이별에 관한한, 남의 슬픔이라도 어느 부분은 나의 슬픔과 겹쳐진다. 겹쳐지는 슬픔에 고개를 끄덕이고 비켜가는 것을 이해하려다 그 이야기에 빠져들었다. 사랑을 잃었다. 설상가상으로 기억도 잃어간다. 이제 갓 서른인 나이에 말이다.

계엄철폐와 민주인사 석방, 전두환 퇴진을 요구하는 시위가 연일 계속되던 80년 봄의 광주. 비상계엄선포로 대학들은 휴교를 했지만 시민들까지 가세한 시위의 규모는 점점 커졌다. 흉흉하고 암울한 분위기였지만 그때까지는, 현실에서 난 한 발 비켜서 있었다.

1980년 5월 17일 토요일 오후.

딸기밭에 함께 가기로 한 친구를 기다리다, 금남로 주변에서 데모대에 휩싸여 충장로 골목으로 쫓겨들었다. 의지와 상관없이 아픈 역사의 현장에 합류를 하게 된 것이다. 그 후 목격한 사건들은 방관자적이었던 사고에서 현실을 직시하는 계기가 됐다. 군사정권의 무자비함에 치를 떨었지만 작은 날갯짓조차도 허용되지 않던 시절. 의식만이라도 깨어있고자 모임에 가입했고 2년 남짓 이어가다 적발되어 사복경찰의 끈질긴 감시를 받아야했던 두렵고 무력한 나날이었다.

그 무렵 근무하던 병원의 환자 보호자에게서 남편을 소개받았다. 두려움과 좌절감으로 지쳐가던 때, 결혼은 현실을 벗어날 수 있는 도피처라고 생각되었다. 구세주를 만난 것처럼 짧은 직장생활을 마감하고 결혼을 해버렸다.

너무 쉽게 결혼이라는 제도 속으로 항복해버린 나약한 의지에 자책도 했지만 아이를 낳아 키우면서 차츰 안정을 찾았다. 대부분의 중매가 그렇듯 뜨거운 사랑으로 시작한 결혼은 아니었다. 남편의 따뜻한 마음을 신뢰했고, 그 믿음이 지금까지 지켜지고 있음에 감사한다.

아쉬움이 있다면, 지나온 생의 어느 언저리 아련하지만 둔한 통증 같은 그리움이라도 한 자락 숨어 있었더라면 하는 것이다. 몸은 여자의 성性스러운 타이틀을 벗는 중인데, 마음은 경험하지 못한 연애감정에 대한 환상이 아직 남아 있다. 심장이 뜨겁게 타오르고 눈이 멀어버릴 상대가 나타난들, 죽었다 깨어나도 지금의 내 둥지를 차고 나갈 용기는 없다. 그럼에도 붙들고 있는 이 허상은 뭐란 말인가. 조신한 모습으로 포장하고 살았지만, 가슴 속 어느 한 귀퉁이에 불씨가 숨겨져 있음은 아닐까.

소녀에서 여자로 성장하던 시기의 첫 번째 변화가 봉긋한 복사꽃처럼 수줍은 싱그러움이었다면, 열매를 맺어 키운 임무를 다한 지금은 절정에서 잎을 털어내는 가을 나무처럼 두 번째 변화의 터널을 통과하는 중이다. 잉태의 의무를 마쳤음을 확인시키려는 듯 찾아온 증상들은 갱년기라는 명분 아래 까칠하기가 이루 다 말할 수 없다.

시도 때도 없이 가슴 밑바닥부터 시작된 열감은 온몸의 세포 구멍을 열고 열을 토하다 한순간 풍선에 바람 빠지듯 식어버린다. 그러면 몸의 기가 몸 밖으로 다 새어나가는 듯하다. 하룻밤에도 수차례 벌떡벌떡 일어나 창문을 열어젖히며, 베개를 들고 거꾸로 누웠다 바로 누웠다하며 밤을 새우다보면, 어떻게 내 몸을 다스려야 할지 당황스럽고 짜증만 났다. 좁은 가슴 속 화 덩이 같은 게 불쑥 치밀며 순식간에 신경질이 난다. 또 어느 땐 기분이 한없이 가라앉아 입을 떼기조차 싫다. 삼십여 년 이상을 달마다 만나며 조율 받던 몸이다. 이제 오랜 연인과 이별하고 홀로서기를 해야 하는 과정이라면 기꺼이 이해하고 받아들이리라 다짐했던 의지도 지속되는 불면과 어깻죽지가 녹아내리는 듯한 통증에 손을 들고 말았다.

호르몬요법을 처방 받았다. 예민해진 신경을 다독이려면 당분간 본능에 충실하고 단순한 생활을 해보는 것도 한 방법이라는 조언과 함께.

연속극의 덫에 걸렸다고 생각했는데 감정의 소용돌이를 잡는 물꼬로 나쁘지 않다는 것을 깨달았다. 비생산적 감정소비라 뭉갰던 이런 통속극 시청도 치료제가 되는구나. 지적인 양 포장하고 얄팍하게 우아를 떨며 나를 감추려했던 가면을 벗어 버리고 연속극에 몰입했다. 현실의 나는 잠시 잊은 채, 병과 사랑에 치열하게 맞서 싸우는 극중 '서연'에 빙의되어 몇 달을 살았다. 나를 잃어야 하지만 지순한 사랑 속에서라면 그 또한 나쁘지 않겠다. 비록 대리만족이었지만 완벽한 감정의 호사를 하고나니 고여 있던 욕망의 에너지가 소진되었음인가. 고해를 마친 뒤처럼 감정이 순해졌다.

시야의 부연 안개, 머리엔 서리, 깊이를 더해가는 주름, 시들어가는 내 자화상이다. 지나온 여정을 점검하고 서서히 정리를 해야 하는 내 삶의 자리 주인공은 평소 허접하다며 눈 아래로 깔았던 곳에서 위안을 얻고 생의 허기를 달랬다. 때론 연속극 한 편이 호르몬 요법보다 약효가 더 뛰어난, 허약해진 영혼에게 비타민이 되기도 한다는 생각을 하면서.

내가 글을 쓰는 이유

조영주

엘리베이터에서 이웃집 아주머니를 만났다. 뵌 적 있어서 고개 숙여 인사했다. 아니 모르는 사람이라도 인사한다. 왜냐하면 나는 약간의 안면인식장애가 있기 때문에 사람을 잘 못 알아본다. 나의 인사를 사람들은 가끔 인식하지 못한다. 말없이 그냥 고개만 끄덕하는 것이라 인사를 하는 것인지 고개를 숙이는 것인지 분간을 못 하는 것 같다. 그리 인사하는 것은 만약 모르는 사람이라도 별 의미 없이 넘어갈 것이기에.

"요즘도 책 써요?"

아주머니가 묻는다. 나는 또 뒷골이 당긴다. 이런 류의 질문을 받을 때마다 나타나는 증상이다. 부모님 중 한 분이 내 책을 주신 모양이다. 나는 그냥 살짝 웃었다. 책을 쓰는 게 아니고 글을 쓰는 거라는 대답을 품고서.

'책 쓰냐?'

참 멋진 말이다. 하지만 글쎄? 나 같은 사람이 과연 책을 쓸 날이 올까? 당기는 뒷골에 붙은 꼬리다. '나는 책을 쓰는 게 아니고 글을 쓴다'고 한다면 '그게 그거' 아니냐며 의아해 할 것이다. 종국엔 같은 말일지도 모른다. 하지만 엄연히 다른 말이다. 책을 쓴다는 것은 어떤 주제를 놓고 같은 맥락으로 책 분량의 글을 일정기간 내에 쓰는 것이고. 글을 쓴다는 것은 아무 때나 쓰고 싶을 때, 또는 필요에 따라 쓰는 것이다. 그런 글들을 모아 책이 만들어진다. 그것은 보통 '책을 낸다'고 한다.

나의 글쓰기는 취미 활동에서 시작 되었다. 일을 그만두고 남아도는 시간의 처치가 곤란해 집 근처의 백화점 문화센터를 찾았다. 처음에는 그냥 가서 앉아있기만 하면 되는 줄 알고 신청한 수필반이었다. 나는 학창시절 문예반 근처에도 가 본 일 없고 백일장이라는 말은 들어보지도 못했다. 그런데 거기 모인 사람들은 전부 문학에 깊은 조예가 있으며 한 번쯤은 문학도를 꿈꾸었던 사람들이었다. 단연코 나는 한 번도 문학을 꿈 꿔본 일이 없다. 오히려 과학자가 되기를 원했으나 고꾸라지고 말았지만.

내가 글을 쓰는 이유는 다른 사람들과 조금 다르다. 내가 글을 쓰는 것은 오직 나밖에 모르는 나를 조금 바꿔보고자 하는 마음이다. 이렇게 말하면 또 하나의 오해가 생긴다. 이기적이고 안하무인의 인간인가, 하는 의문이 생길 것이다. 뭐 그런 면이 없지 않아 있기도 하지만 그렇다고 단언할 수는 없다. 그냥 남의 일에 신경 안 쓰는 정도가 딱 맞는 말이다. 나는 남의 일에 신경을 쓸 수가 없다. 내 몸

하나 건사하기도 힘든데 어떻게 남의 일까지 신경 쓰겠는가.

또 다른 이유는 건성건성 사는 나의 삶을 바꿔보고 싶은 마음에서다. 뉴스도 안 듣고 신문도 안 보고 세상과 담 쌓고 나의 성 안에서 한 발자국도 나가지 않으려 하는 나의 성격. 나태하고 게으르고 대강대강, 하지만 쓸데없는 것에 꼼꼼한 내 성격.

하지만 둘 다 고치기는커녕 점점 더 심해져 간다. 글을 쓴다는 것이 자기 안의 무엇인가를 끌어내야 하는 작업일 줄이야. 그러려면 자기 성찰과 자아 발견이 필수다. 나는 나를 관찰하기 위해 점점 더 내 속으로 숨어들고 있다. 문제는 내 속에 들어가서 무언가를 끌어내 와야 하는데 내 자아는 그냥 그 속에 칩거하기를 원하나 보다. 일인용 캡슐을 타고 우주를 떠도는 미아가 되어 지구를 바라보고 있는 꼴이다. 세상 밖에서 세상을 바라보는 관음증 환자가 되어 있는 나 자신을 섬뜩하게 발견하곤 하지만 세상 안으로 들어갈 생각은 꿈도 거부하나보다.

나의 글은 겉에서 보는 세상 이야기다. 세상 속은 모른다. 그냥 세상의 겉 이야기라고 해야 옳다. 거기다 나의 상상력과 추리력이 더해진 이야기. 그것이 나의 글이다. 그러므로 나의 이야기일 수도 남의 이야기일 수도 있다.

이즈음 나는 책은커녕 글도 못 쓰는 신세다. 관음증 환자처럼 들여다보던 세상도 이제 지루해졌는지 별로 관심이 없다. 그저 내 안에 있는 것이 좋다. 내 안에서 아무것도 하지 않고 가만히 조용하게 지내는 것이 좋다.

내가 쓴 공모전 수상 소감의 일부이다.

> 교조적인 윤리와 혹독한 관습, 패쇄적인 아집과 무심한 편견, 왜곡된 진실, 절제된 순수와 어긋난 사랑, 방어적인 도덕성 속에서 외로이 표류하는 결핍된 삶이들….
>
> 나의 글은 독자를 배려하지 않는다. 나의 글은 애오라지 나만이 존재한다. 내가 쓰고 싶은 대로 비틀고 흔들고 뒤집고 휘저어서 쓴다. 글쓰기는 나에게 기쁨이자 고통이다. 어떤 일에든 양면이 있는 모양이다. 갑자기 글쓰기에 불안이 느껴진다. 혼자 나선 여행길에 예기치 않은 동행을 만나 내가 가려고 했던 곳이 아닌 엉뚱한 곳으로 가는 것과 같은 불안이다.

작가는 글을 쓸 때 늘 독자를 배려해야한다고 한다. 글을 읽고 공감대가 형성되어 독자에게 깨달음이나 감동을 줘야 한다. 아니면 유머러스한 글을 통해서 웃음이라도 주던가. 하지만 위에서 밝힌 바 있듯이 나의 글은 독자를 배려하지 않는다. 나만을 위해 쓴 글을 좋아하는 독자가 있다면 무척 다행한 일이지만 아니어도 그만이다. 어차피 나는 프로의식이라곤 없는 글쟁이이기에. 나는 글을 쓸 때 늘 생각한다. 교과서에 실릴 문학작품을 쓰는 것이 아니고, 세상에 떠도는 소소한 이야기를 옮길 뿐이라고.

이것이 내가 세상 밖에 칩거하는 이유이다. 세상에 섞일 수 없는 이유이기도 하다. 그리고 내가 계속 글을 쓰는 이유가 되기도 한다.

나의 학산에는 아직도 학이 날고 있다

최장순

내 고향 모산은 대관령 기슭과 동해 바다를 각각 십여 리 거리에 두고 있다. 윗마을이 학산이고 아랫마을은 바다와 접한 병산이다. 산촌과 어촌의 중간쯤 버덩에 있어 자연히 사람들의 왕래가 많았던 곳이다.

사람의 왕래뿐이 아니었다. 고고한 날갯짓으로 마을을 가로지르던 황새도 많았다. 사람이 살기 좋은 곳이면 짐승들에게도 당연히 좋은 곳이지만 학이 많이 서식했던 데는 나름대로 그 이유가 있었다. 천혜의 자연환경을 지닌 이곳은 백두대간의 준령 아래 억겁의 신비를 간직한 구릉과 계곡이 있고, 민물과 바다가 접하는 경포호수와 바다가 있어 먹잇감이 흔해서였다.

막 단잠에서 깨어난 마을이 기지개를 켜면, 논밭으로 내닿는 농부들, 장보따리 챙겨 나가는 아낙들, 학교로 가는 아이들까지 분주한 발걸음에 동네는 수런거렸다. 이런 썰물과는 반대로 밀물로 오는 이도 있으니 초당마을에서 두부를 팔러 오는 발길이다. 두부장수의 맑은 방울 소리는 미처 털어내지 못한 젊은이들과 새댁의 잠을 걷어낸다. 이에 뒤질세라 황새들도 마을사람들과 더불어 아침을 맞곤 했다.

사람과 황새는 아침저녁으로 그 처지가 바뀌었다. 아침이면, 황새들은 배고픈 날갯짓으로 먹이를 찾아 나갔다가 어스름 저녁이면 꺼-억 꺽 트림을 하며 올라가지만, 사람들은 배를 채우고 읍내로, 들판으로 나갔다가 저녁이면 시장기로 더욱 무거워진 발걸음을 끌며 돌아와야 했다.

평화로운 듯 보이던 마을에서도 가끔 평화가 깨어지는 때가 있었다. 그것은 '학 알 서리' 때문이었다. 나는 동무들과 황새 알 훔치기를 작심하면, 6·25전쟁 후에 흔히 굴러다니던 군용철모와 망태기를 챙겨 학산으로 향하곤 했다. 우리는 먼저 보초병으로 남아있는 황새들을 돌팔매로 쫓아버리고 잽싸게 나무에 기어올랐다. 하지만 둥지에 이르기도 전에 복병의 황새들로부터 집중공격을 받아야 했다. 뒤집어쓴 철모를 무수히 쪼아대는 순간에도 막무가내 둥지까지 올라 재빨리 알을 끄집어내 망태기에 담았다. 다행스럽게도 이놈들은 알을 꺼낼 때마다 손을 쪼기보다 그저 시커먼 철모만 공격을 하곤 했었다. 엄청나게 큰 날개를 낙하산처럼 펴서 하늘을 가리고 덤벼들 때면 얼마나 무서웠던지.

당황한 나머지 미끄러질 때면 팔과 가슴에 피멍이 들었고, 나무에서 떨어져 엉덩방아를 찧고 나뒹굴던 날은 깨어진 알과 뒤범벅

이 되기도 했다. 황새들과 싸워 얻어낸 승리의 대가에 비하면 그 정도의 상처와 고통은 오히려 훈장이었다. 계란 한 알이 귀했던 때에 수십 개의 알을 훔쳐내는 일이 횡재나 한 것처럼 좋아하던 악동 시절이었다.

유학 중인 아들 내외가 집안에 일이 있어 추석 무렵에 오기로 하였다. 나는 이번 기회에 학산으로 데리고 가서 하얀 눈꽃처럼 덮고 있는 학의 멋진 군상을 보여주고 싶었다. 그리고 무엇보다도 손자에게 황새들과 싸우면서 알을 꺼내던 할아버지의 무용담도 들려주고 싶었다. 신기한 듯 나를 쳐다 볼 손자의 초롱한 눈망울을 연상하면서.

학 마을 이장과 전화 통화를 했다.

"황새요? 황새가 안 온 지 꽤 오래 됐어요."

언제 적 얘기냐는 듯 이장의 음성이 뚝뚝했다. 학산에 학이 없다니. 어쩌다 그렇게 되었느냐고 묻자,

"군부대가 들어와서 총질을 해대니 그렇지요, 뭐."

'총질'이라는 말이 내 귀에 퉁명스럽게 박혔다. 부대가 주둔하면서부터 황새들이 떠났다는 얘기를 들으니, 군에 오래 몸담았던 내가 죄인이라도 된 듯 이내 무안해지고 말았다.

학산에서 총소리가 사라지는 날은 언제쯤일까. 38선이 그리 멀지않은 우리 동네에 부대가 주둔해야 하는 분단의 현실. 그러나 학이 떠난 것이 어디 총소리만이겠는가. 농약과 매연, 수질오염으

로 먹이사슬이 깨어진 것도 총질 못지않은 공포가 되어 학들을 타지로 내몰고 있지는 않았는지. 학이 없는 학산, 소박하고 아름다웠던 소년 시절의 풍경 하나가 사라졌다.

나는 가끔 '촌놈' 소리를 듣는다. 그러나 그 말이 그다지 싫지 않다. 그 말은 도시의 빌딩숲을 헤매는 내게 귀소본능을 발동시킨다. 그때마다 추억의 날개를 달고 대관령을 넘어 학산으로 날아간다. 학산에 학이 사라졌다 해서 내 기억마저 지워지는 것은 아니다. 삶의 여건이 달라지듯 자연환경도 변할 수 있는 법, 언젠가는 떠났던 황새들이 돌아올 것을 믿는다. 혹 그렇지 못하더라도 괜찮다. 황새는 여전히 아름다운 자태를 뽐내며 내 기억 속의 고향 하늘을 날고 있을 테니까.

그놈은 아직 얌전하다

이채원
mdna77@hanmail.net

건강검진을 하고 결과를 보러갈 땐 긴장을 하기 마련이다.

대부분의 사람들은 큰 대학병원에 가서 정확하고 세밀하게 검사하길 원하지만 나는 큰 병원에서 검진 받는 것을 별로 좋아하지 않는다. 건물에서 오는 위화감에 주눅이 들기도 하고 낯선 의사 앞에서 혈압을 재면 왜 그렇게 맥박이 빨라지는지 내 소심한 성격의 단면을 보는 듯하여 늘 다니던 동네 작은 종합병원을 찾아간다.

평상시에는 인명은 재천이라고 남들에겐 말도 잘하면서 막상 내 검진 결과를 들으려니 긴장하는 것은 어쩔 수가 없었다.

의사가 대부분의 결과는 정상이라면서도 고개를 갸우뚱하며 할 얘기가 남은 듯 나를 바라봤다. 갑상선에 결절이 몇 개 있는데 2년 전에도 있었지만 말하지 않았다고, 크기는 자라지 않았으나 모양새가 안 좋아 보이니 아무래도 큰 병원에 가서 조직검사를 해보는 게 좋겠다고 했다 .

어쨌든 기분 좋은 소리는 아니었다. 주위에서 갑상선을 들어낸 사람이 하도 많은지라 내게도 올 것이 왔구나 싶었다. 바로 인터넷을 검색하여 우리나라에서 갑상선수술의 일인자라는 S병원 의사를 찾아냈다. 나 같은 환자가 많은지 한 달 뒤에나 검진이 가능하다고 했다.

한 달이나 기다려야 한다니, 불안한 마음으로 내 상태가 궁금하여 인터넷에 자세한 정보를 검색을 해보았다. 갑상선결절은 악성이라 해도 빨리 자라지 않을 뿐더러 지금처럼 초음파가 발달되지 않던 시절에는 평생 악성 혹을 가지고도 모르고 살다가 천수를 누리고는 다른 병으로 죽었다는 기록도 있었다.

드디어 예약한 날짜가 다가왔다. 초음파를 하고 목을 뒤로 젖혀 0.4㎝ 결절에서 조직을 채취하는 일은 쉽지 않았다. 침을 삼키지 말라고 하나 그것을 참는 일이 숨을 참는 것만큼이나 어렵다는 것을 그때 알았다. 이 작은 것이 무슨 문제를 일으킨다고 이렇게까지 해야 하나 싶었지만 이미 몸은 병원에서 시키는 대로 따라가고 있었다.

또 며칠이 지나고 조직검사 결과를 보러가는 날이 왔다. 갑상선 장기를 다 들어내고 평생 약을 먹으며 목에 생긴 수술자국에 애달파하는 최악의 결과를 들어야 할지도 몰라 병원으로 가는 내내 마음은 초조함으로 파도를 타고 있었다.

병원대기실은 이미 수술을 하고 흉터가 있는 사람, 나처럼 결과를 기다리며 삼삼오오 모여 이야기하는 사람, 혼자 구석진 곳에서 눈을 감고 있는 사람들로 혼잡했다. 한참 후에 간호사가 내 이름을 불렀다. 의사가 무슨 말을 할지 입이 말랐다.

"양쪽 몇 개의 결절이 있으나 대부분은 양성입니다. 근데 하나가 중성이네요."

"중성이 뭐예요?"

"백 프로 악성은 아니지만 의심의 여지가 있는 조직이 발견됐다는 거죠. 일단 왼쪽부터 수술하고 결과에 따라 오른쪽도 마저 들어냅시다."

"그럼 두 번 수술하라고요?"

"그렇죠."

"그럼 지금은 확실히 모른다는 거네요?"

"그러니까 두 번 하자는 거죠, 다행이 결과가 좋으면 그걸로 끝나고, 아니면 아까 말한 대로 한 번 더 수술하는 거고."

"그럼 안 해도 되는 경우였다면요?"

자꾸만 대꾸하는 환자를 처음 보는지 의사가 내 얼굴을 곁눈으로 쳐다봤다.

"암튼 나가서 수술 날짜 잡으시죠."

"2년 동안 크지도 않았고, 확실히 나쁜 것도 아닌데, 3개월 있다 다시 올게요."

의사는 기분이 나쁜지 컴퓨터 모니터에서 얼굴을 돌리지도 않은 채 잠시 머뭇거리더니 한 마디 툭 던졌다.

"3개월 만에 크겠어요. 그럼 6개월 있다 오시던가. 나중에 살려

달라고 매달리지나 마슈."

자신의 말에 따르지 않고 내 의사대로 하겠다는 말에 화가 난 모양이었다. 나도 내 병에 대해 알 만큼 알고 왔는데 으름장을 놓는 연세 지긋한 의사가 야속했다

"그렇게 죽는 것도 제 팔자겠죠."

나는 입속으로 중얼거렸다.

진료실 문밖을 나설 때 화가 섞인 의사의 목소리가 커다랗게 들렸다

"다음 환자!"

그리고 6개월이 지나 다시 초음파를 했을 때 역시 그것은 얌전히 그대로 있었다. 의사가 요번에는 더 심하게 말했다.

"이상하다, 이게 왜 안 크지? 빨리 커야 확 잘라버릴 텐데."

마치 중성종양이 악성종양으로 바뀌지 않은 것이 약이 오른 듯한 모습이었다.

일 년 있다 다시 오라 했지만 나는 가지 않았다.

'역시 정든 동네 병원이 좋아.'

일 년에 한 번씩 정기검진을 하면 고맙게도 그것은 아직도 얌전하다. 친분 있는 의사는 그냥 웃는다. 웃음 뒤엔 무엇을 말하는 것인지 나는 안다. 안 해도 되는 수술이었다는 것을….

얼마 전 학회에서 0.5cm 이하는 크는지 두고 보자는 결정을 내렸다고 신문에 발표를 했다.

살면서 여러 번의 수술 기회가 있었다. 배가 아파 병원에 갔더

니 맹장이라고 당장 수술하자 했지만 아무래도 아닌 것 같아 수술하지 않았더니 결국 단순한 배탈이었었다. 또 한 번은 배를 새벽마다 날카롭게 찌르는 듯한 통증 때문에 내시경을 했지만 특별한 이상을 발견 못했다면서 일단 배부터 열고 보자고, 아무 이상 없으면 맹장이라도 떼자고 했을 때도 어이없는 결론에 수술하지 않았다. 신경성이었을까? 그 후 모든 병은 씻은 듯이 나았다.

내겐 의사의 수술 권유에 대한 불신이 크게 자리 잡고 있다.

나의 현명함인지, 아니면 무지함인지, 장기를 떼어내지 않는 행운은 아직도 계속되고 있다.

제2012-22호

스타 예감 상

이 채 원

위 사람은 한국 가요계에서 놓친 숨은 스타로 비록 TV에는 안 나오지만, 아무 때 아무 곳에서나 쉽게 부르지 않는 꼿꼿한 자존심을 높이 사서 무대를 마련하고 청하기를 약속하며, 또한 그런 태도로 수필계에서도 단연 멋진 스타가 되기를 바라는 마음을 담아 이 상장을 수여합니다

2012년 7월 5일
아가위수필문학회

그날도 달이 밝았다

김영숙
benedicta60@gmail.com

탄천을 걷는다. 내 머리 위를 달이 따라온다. 나는 잠시 상념에 젖는다. 들추고 싶지 않은 기억들…. 저 달은 그때의 그 달이었을까?

돌이켜보면 그때 왜 내가 큰집에 가야만 했는지, 이해가 되지 않는다.

전기도 들어오지 않고 전화도 없던 시절이었다. 언니의 울음소리에 잠에서 깬 나는 슬퍼할 새도 없이 엄마가 돌아가셨다는 소식을 전하러 동생을 데리고 집을 나서야 했다. 죽음을 실감할 수 없는 나이. 하느님의 마지막 배려였을까? 둥근 달이 우리 머리 위로 떠올라 환히 비춰주고 있었다.

잠이 덜 깬 동생은 비틀거리며 좁은 논둑을 걷고 나는 동생이 떨어질까봐 손목을 꼬옥 잡았다.

벼를 베어내고 난 자리엔 서리가 하얗게 내려앉았고 비스듬히 세워놓은 볏단들은 검은 그림자를 길게 드리웠다. 으스스 느껴지던 한기. 나는 알 수 없는 두려움에 몸을 부르르 떨었다. 성당에서 종소리가 울렸다. 엄마의 죽음을 알리는 종소리였다. 종소리는 적막한 마을에 울려 퍼졌다. 내 인생의 여정이 팍팍하리라는 것을 알리는 선고와도 같이 차가운 달빛을 타고 멀리 울려 퍼졌다.

큰집 마당가에 무리지어 피어있던 국화, 시린 서리에 젖은 향기가 진하게 코끝으로 다가왔다. 돌담 뒤로 흐르는 작은 냇가, 속삭이듯 흐르는 정겨운 물소리. 모든 것은 다 제자리에 있는데 왜 엄마는 자리를 비우려는 것일까. 죽음이 삶을 이기는 것일까. 좇아갈 수도 없는 천국은 도대체 어디에 있는 것일까.

큰집 식구들을 앞세우고 집으로 돌아오고 있었다. 어느새 방향을 바꾼 둥근 달은 소리 없이 내 뒤를 바짝 따라오고 있었다.

음력 구월 십오 일.

엄마는 마흔.

나는 열두 살.

동생 훈이는 여덟 살이었다.

나보다 키가 작은 중학생인 오빠는 상주가 되었다. 십자가의 예수처럼 머리에 굵은 새끼줄을 동여매고 거친 삼베 두루마기를 입고 지팡이를 짚고 문상객을 맞았다.

"아이고! 아이고!"

오빠의 몸짓과 걸친 옷이 어색해 우리는 문상객을 맞으며 그 와중에도 떼굴떼굴 구르며 웃었다.

마루에서 상복을 만들던 동네 아줌마들은 혀를 끌끌 차며 철없는 것들이라고 나무랐다.

부엌과 뒤란에선 고소한 들기름 냄새가 진동을 하고 집안이 사람들로 북적거렸다. 잔칫집 같았다. 죽음은 슬프고 끝인 줄 알았는데 사람들은 음식을 먹고 마시기에 여념이 없었다.

성당에서 연도객들이 왔다.

"예수님의 십자가를 찬미하며 구하오니 십자가의 열쇠로 아름다운 천당 문을 여시어 세상을 떠난 프란체스카가 일찍 들어가게 하소서. 그의 괴로움을 없애시고 자비를 베푸소서."

큰집 언니가 내 귀에 대고 속삭였다. 연도가 끝나면 울어야 된다고, 큰소리로 울어야 된다고. 곡소리가 없으면 남들이 흉보고 욕한다고, 낮은 소리로 속삭였다.

나는 그제야 참았던 눈물을 터뜨렸다. 언니의 손을 잡고. 언니도 따라 같이 울었다.

병풍 뒤에 미동도 없이 누워 계신 엄마는 내 울음소릴 들었을까? 실컷 울고나면 꿈을 꾸었다고, 악몽을 꾸고 일어났다고 누군가 말해주길 간절히 바랐다.

아랫목에 누운 나와 윗목에 누운 엄마. 이승과 저승은 얼마쯤의 거리일까.

속살이 뽀얀 나무 관이 향내를 풍기며 마당가에 내려졌고, 아버지는 관에 엎드려 하염없이 울고 계셨다. 애들은 아무것도 보면 안 된다고 막내삼촌이 우리를 골방에 가두었다. 큰언니가 몸부림을 쳤지만 문은 열리지 않았고 우리는 그런 언니를 가만히 바라보고 있었다.

엄마가 떠난 빈자리에 아들 셋, 딸 셋 우리 육 남매만 남아 있다.

그때도 둥근 보름달이 오늘처럼 무심히 나를 비추고 있었다.

제2012-23호

반전여왕 상

김 영 숙

위 사람은 조신, 우아, 품위, 교양으로 표현되는 현모양처 형 외모로 겉보기에는 귀부인 같아 보이지만, 누구도 흉내 낼 수 없는 애교작렬로 방과 후 수업을 업 시켜주는 또 다른 매력이 있어 만날 때마다 새로운 반전을 기대하는 마음으로 이 상장을 수여합니다

2012년 7월 5일
아가위수필문학회

선묘각 앞에서

허경자

이른 아침에 길을 떠났다. 버스가 지나가는 길에는 무르익은 가을의 아름다운 정취가 흘러넘치고 있었다.

어제 저녁에는 잠이 오지 않았다. 가족 외에 다른 사람들과 여행하는 것은 결혼 이후로는 처음 있는 일이었다. 그러한 사실이 내 마음을 흥분하게 하고, 문우들의 마음 속에도 약간의 비밀스런 흥분을 가져다 준 것 같았다. 둘씩 짝지어 앉은 자리에서 소곤거리며 흘러나오는 말들과 낮은 웃음소리 속에서 하루 일정이지만 여행이 주는 묘한 흥분과 기쁨이 도사리고 있음을 눈치 챌 수 있었다.

버스가 고속도로를 벗어나 국도로 접어들면서 가을의 황금빛 아름다움은 더욱 환하게 펼쳐졌다. 추수가 끝나지 않은 들판에는 누렇게 익은 벼들의 넘실거림이 물결처럼 바람에 일렁이고, 그 모습을 바라보는 우리들의 마음까지도 알 수 없는 기쁨으로 일렁거렸다.

논과 밭의 두렁마다, 하천 가의 곳곳을 따라 은빛으로 하얗게 바래어져 피어 있는 억새의 정수리에 내리쬐는, 이른 아침의 햇빛은 더없이 다사롭고 정다워 보였다.

부석사로 올라가기 전 점심을 먹기 위해서 들른 곳은 허름한 묵밥 집이었다. 희멀건 메밀묵을 채 썰어서 밥 위에 올리고 멸치 장국을 부은 후에 김 부스러기와 김치를 송송 채 썰어서 고명으로 올려 주었다. 그 맛은 밋밋하고 담백했지만, 문우들의 이야기 속에서 나오는 묵밥의 맛은 추억이 가미가 되어서 아련하고 촉촉했다. 이야기꽃을 피우느라 떠들썩한 식사 자리를 남겨 두고 나는 근방을 산책하기 위해서 먼저 나왔다.

인적이 드문 골목길은 회백색 가루라도 뿌려 놓은 듯 가을 햇살에 하얗게 바래어져 보였다. 길의 모퉁이에는 자그마한 텃밭이 자리 잡고 있었고, 밭에는 싱싱하게 자라고 있는 무의 튼실한 뿌리가 하얗게 드러나 보였다. 텃밭을 끼고 낮은 흙담집들이 동네 쪽으로 조르르 붙어 있는 모습이 정답게 서로 어깨동무를 하고 있는 것처럼 보였다. 담장 안과 바깥을 따라서 키가 큰 맨드라미와 과꽃들이 자라고 있고, 황토를 발라서 예쁘장하게 꾸며 놓은 화장실에서는 어릴 때 시골에서 맡았던 변소 냄새가 흘러 나왔다.

분명 기억 속에서 이 길과 집들과, 꽃 그리고 풍경들은 낯이 익다. 변소 냄새까지도.

그런데도 기억 속에서 나는 무엇인가 아주 소중한 것 하나 잃어버린 듯한 생각에 빠져서 그것을 찾고자 한참을 헤매어 다녔다.

그것은 무엇이었을까.

부석사로 올라가는 길 오른편에는 사과나무 과수원이 있었다.

과수원에는 태양을 듬뿍 받은 사과들이 초록 잎사귀들 사이로 빨갛게 빛나고 있었다. 반짝반짝 빛나는 사과의 빨간색이 아름다운 꽃 한 송이 마음 속에 피어난 것처럼 따뜻하게 스며들었다. 과수원의 맞은편 길은 은행나무가 길을 따라 심어져 있고, 단풍 든 은행잎들이 길에 떨어져서 노란 카펫이라도 깔아 놓은 것처럼 푹신하고 아름답게 보였다.

잃어버린 사랑으로 흔들리는 영혼이 저 길을 걸어간다면 조금은 덜 위태롭게 올라갈 수 있겠구나 하는 생각이 길을 따라 올라가는 내내 머리 속에서 맴돌았다. 돌멩이가 나뒹구는 길이라면 돌멩이에 치여서 넘어지며 무릎이라도 다칠 것이고, 가시나무로 울타리 쳐진 길이라면 그 가시에 찔려서 몸뿐만 아니라 마음까지도 상처로 찢겨질 것이고, 모래바람 부는 길을 지나간다면 마음 속으로 파고드는 모래 바람에 그 상한 영혼조차도 건사 못할 것이다. 그러나 노란 은행잎이 융단처럼 깔린 저 길을 걸어간다면 그 위태로운 영혼일지라도 조금은 안전하게 올라갈 수 있을 거란 생각이 들었다.

가시에 찢겨 피 흘리지 않고, 부대끼지 않고, 돌부리에 채이지 않고, 넘어지더라도 상처 나지 않고 일어설 수 있으리라는 생각이. 지나가는 바람에 가볍게 몸을 털고 무심한 듯이 발을 떼어 놓을 수 있으리라는 생각이 마음 속에서 일어났다.

무량수전으로 올라가는 길은 일종의 상징성처럼 내 눈에 비쳐졌다. 정면으로 올라가는 계단들은 그 간격을 이루는 높이가 높고 멀어 보였다. 단번에 짚고 올라가기에는 힘들어 보이는 높은 계단이 허공에 헛발을 짚는 듯한 착각이 들게 하여 부석의 의미를 일깨워 주었다. 제일 아래층 계단은 그렇게 올라갔지만 둘째 계단부터는 약해져 가는 관절을 생각하며 선으로 돌아가는 비탈길을 따라 한발짝 한발짝 천천히 발을 떼었다.

여행하기에 좋은 날씨 탓일까. 배흘림기둥으로 유명한 무량수전 앞에는 먼저 온 우리 일행들과 다른 여행객들로 북새통을 이루고 있었다. 배흘림기둥에 기대어 사진을 찍는 사람들, 안양루 뜰 앞에서 두 손을 들고 큰 숨을 쉬는 사람들, 두 손을 가지런히 모으고 합장하는 사람들로 해서 문득 파도 소리 요란한 바다 가운데에 빠져 있는 듯한 혼란이 왔다. 버스를 타고 오면서 들은 선묘 이야기 때문에 그런 착각을 했으리라.

선묘각은 무량수전 뒤편에 버려지듯이 숨어 있었다. 이곳으로 오는 버스 안에서 들었던 선묘의 활약에 비해 선묘각은 초라하고 남루한 작은 사당이었다. 그 안쪽으로 선묘의 초상화가 흐릿하게 보였다.

전설에 의하면 선묘는 의상을 사모했지만 그 사랑을 이루지 못했다. 그러나 의상에 대한 마음을 접지 못했던 선묘는, 용이 되어 귀국 길의 의상을 쫓아왔고 끝까지 서해의 용으로 남아서 의상을 지켜주었다고 한다.

어두운 실내의 초상화 속에서 다소곳이 서 있는 한 여인의 깨끗하고 욕심 없는 사랑의 향기가 그 시대를 여는 난해한 암호처럼 여겨지는 것은 나만의 착각일까.

생각해보면 지금 이 시대의 사람들에게 무욕한 사랑이 주는 향기는 별 흥미를 끌지 못한다. '사랑은 쟁취하는 거야' 하는 광고의 카피처럼 그 사랑을 쟁취하기 위하여 사람들은 점점 더 부도덕한 행위들도 용납하고 있다.

그러나 세상이 아무리 바뀌고 시간이 아무리 흘러갔다 하더라도 변질되지 말아야 하는 것들이 있고, 나는 그 변질되지 말아야 하는 것들을 사랑하며 그 시대를 살아온 평범한 여인네일 뿐이다.

부모에게 순종하고, 형제끼리 우애하고, 약한 이들을 격려하고, 이웃에게 너그럽고, 정직하고, 착하고, 사랑을 위하여 자신을 희생할 수 있는…. 그러한 것들이 세상을 지탱시키는 힘이라고 나는 믿고 있고 또 그렇게 살려고 노력했다.

어쩌면 부석사의 선묘각 앞에서 오랫동안 서 있었던 이유도, 선묘의 초상화를 보며 내 마음이 울컥했던 것도 그 이유에서일 것이다.

세상의 가치관이 하루가 다르게 바뀌어 가고 있는 지금의 사람들이 보면, 의상을 향하여 가졌던 선묘의 마음은 어리석기 짝이 없어 보일지도 모른다. 선묘각의 초라한 외양과 어두운 실내가 그래서 더 마음이 아팠다.

속내를 들키지 않으려 숨을 몰아서 배 속에 가둔 채 조심스럽게 무량수전 앞 뜰 안양루로 내려왔다. 그리고 큰 숨을 내뱉었다.

계절의 중턱에서 서성이는 가을의 아름다운 저녁 햇살이 태백산맥 줄기를 따라 일렁이듯이 빛나고 있었다. 황금빛으로 빛나던 햇살이 산등성이를 지나가면서는 타오르는 주홍빛으로 변하며 스러져 가고 있었다. 세상을 집어 삼킬 듯이 뜨겁게 내리쬐던 열기와 강렬함은 사라져 보였다. 그러나 산맥을 따라 서쪽으로 내려가며 비추는 주홍빛 햇살에는 사무치는 감동이 느껴졌다. 선묘의 마음 같은.

단풍의 계절을 지나가며

허경자

점점 가을이 깊어지고 있다. 가을이 깊어지는 이즈음 단풍의 속내를 상상하며 거니는 즐거움은 무엇과도 바꾸기 어려운 이 계절이 내게 주는 특별한 선물이다. 그들의 속내에서 나오는 이야기를 상상하며 걷다 보면 계절 속에 잠겨 있는 시간의 흐름에 담긴 섭리도 깨달아진다.

정수리부터 내리꽂히는 가을 햇살에 투명하게 빛나고 있는 단풍들을 보고 있으면 지나간 계절에는 아무 일도 일어나지 않은 것처럼 느껴지기도 한다. 그러나 꽃 피는 봄에 지나갔던 꽃샘바람의 매서움을 나는 아직 기억하고 있고, 청청한 잎을 후려치던 여름날의 거친 소나기도 기억하고 있다. 그 소나기와 내리쬐는 햇살에 나뭇잎들은 연둣빛 화상에 덴 적도 있었고, 제 몸의 어느 한 가지가 찢어지는 아픔도 겪었다.

그러나 단풍의 계절 속에서 그들의 흔적은 보이지 않는다. 보이지 않는다고 그 시간이 없었다는 이야기는 아니다. 나무들은 더 아름다운 것을 마음에 받아들이느라 지나간 아픔과 상처는 시간의 흐름에 내려놓았을 뿐이다.

내 마음도 그러하다. 이른 아침, 혹은 한낮의 따가운 햇살을 받으며 아파트 정원을 돌거나 작은 산을 오르내리며 천천히 걸어가다 보면 지난여름 마음에 잠겨서 털어내지 못한 찌꺼기들도 서서히 사라지는 걸 느끼게 된다. 그들의 이야기를 상상하느라 내 마음 속의 고민과 상처, 염려는 희석되어져 어느새 내 자신도 가을의 한 풍경처럼 아름다운 색채로 채색되어 있음을 종종 발견하게 된다. 그 풍경 속에서 내가 바라보고 듣는 그들의 이야기도 단풍 든 색상이 다르듯이 각기 다르다.

노랗게 단풍 든 싸리나무 숲에 바람이라도 지나가면 화톳불에 콩알 튀는 소리가 들릴 것 같다. 고만고만한 이파리들이 한 줄기에 조르르 달려서 누가 먼저랄 것도 없이 바람 부는 소리에 나풀거리며 이야기를 쏟아낼 것 같다. 아주 천진한 이야기들. 바람만 불어도 까르르 웃음을 터뜨릴 수 있는 이야기들이 쏟아질 것 같다. 그러한 웃음을 웃은 적이 있었던가. 기억은 아물거리지만 노랗게 물든 싸리나무 숲에 들어서면 유년의 말간 웃음보들이 나를 향하여 웃음을 터뜨려 주는 것 같다.

그러나 소나무와 잣나무가 늘어서 있는 언덕을 올라가면 분위기는 달라진다. 지나간 여름날 서슬 퍼런 날카로움으로 하늘을 찌르던 청청한 푸른색은 많이 사라졌다. 그런데도 계절에 상관없는 근엄함이 남아 있다. 누렇게 퇴색되어 가는 솔잎 중간중간 남아 있는 푸름이 이젠 은퇴를 하고서 뒷짐 지고 서는 노장군의 기백처럼 매섭다. 산의 정상에 우뚝 서서 목에 핏대를 세우며 호령하던 그 기백은 사라졌지만, 자신의 청정함을 지켜 주었던 마지막 푸르름은 자존심처럼 남아 있다. 얼마 되지 않은 그 푸르른 기백으로 다가올 눈보라와도 대면할 것이다.

단풍나무와 벚나무의 붉은 독기 번진 잎들에는 팜므파탈의 요염함마저 엿보인다. 봄날, 부끄러움마저 감추며 피어나던 연분홍빛 꽃잎들의 순전함은 어디에도 없다. 결정적인 어느 순간에 팜므파탈의 독기는 상대편에게는 어찌할 수 없는 올무가 되리라. 저 슬프도록 빛나는 붉은 색들 아래 남아 있는 초록빛 잎이 너무나 초라하게 보인다. 팜므파탈 앞에 서서 어찌하지 못하고 있는 사내의 몰골처럼. 어찌하면 그 마음을 열어볼 것 같기도 하지만, 정수리부터 타고 내려 온 붉은 독기를 감당할 자신이 없어 그늘 속에서 파랗게 여위어만 간다.

모감주나무의 맑은 연두색 모낭은 이 계절엔 모두 말라 버렸다. 부모가 한 번도 가보지 못한 나라, 어쩌면 이름조차 들어보지 못한 나라에서, 생사를 잃어버린 젊은 아들의 소식을 들은 어머니의 메마른 눈물처럼, 그 모낭에는 이제 기쁨과 찬란함은 없다. 메말라 버렸다. 황금색 꽃들이 만발하던 그 시절의 기억도 말라버린 갈색 모낭 속에서 서서히 시들어 가고 있다. 눈 내리고 바람 부는 계절이 오면 시들어 가는 기억까지도 멈추리라.

지난밤에 내린 비에 노란 은행잎들은 마지막까지 버티던 손을 놓고 패잔병처럼 나무 등걸 아래 널브러져 있다. 비에 젖어서 더 처량하게 보이는 저들을 위한 따뜻한 보금자리는 어디에도 없어 보인다. 그저, 서로서로의 등에 기대어서 이 계절의 마지막이 지나가기를 조용히 기다릴 뿐이다. 어떠한 위로도 마주 안은 가슴에서 나오는 온기만큼 따뜻하지 않음을 저들은 안다.

가을이 지나가는 길목에서 마음의 귀로 들어보면 단풍의 속내에 담긴 이야기들에는 우리 인생의 소소한 풍경이 고스란히 담겨져 있다. 연두의 계절이 있고, 황금빛 빛나는 청춘의 계절이 있고, 스러져 가는 마지막까지 자신을 내려놓지 못하는 악착같은 생의 치열함도 있다. 그 풍경들 속에는 살모사와 같은 독한 마음들이 붉게 빛나기도 하고, 자존심과 같은 젊은 날의 기백이 초라하게 남아 있기도 하다. 그러나 그 모든 것들은 사라진다. 단풍의 속내에서 만났던 푸른 청춘도, 붉은 마음도, 천진함과 짙은 눈물도. 빈 가지들만 남을 뿐이다.

그리고 남은 빈 가지들. 그들은 안다. 비우므로 해서 더욱 충만하게 채워지는 생의 비밀을. 홀가분한 생의 여백에 찾아오는 휴식의 달콤함을. 모든 것을 떨어뜨리고 난 후에 찾아오는 생의 가벼움을. 자신을 버리므로 또 다른 생애를 준비하는 단풍들의 헌신을. 그 헌신을 통한 새로운 회복을. 그 회복을 바라보기 위해서 저들은 서러운 눈보라와 살을 에는 듯한 날카로운 바람의 세례를 받아야 하고, 얼음 낀 새벽을 혼자서 지키며 외로움의 터널을 지나가야 하는 것을. 그 모든 것을 정직하게 받아들여야 하는 겨울이 있음을. 냉혹함과 야만성으로 무장한 겨울이 있음을. 겨울을 생각하기 며칠 전부터 가을은 이미 어둡고도 깊은 모습으로 계절의 끝을 향하여 서서히 지나가고 있다.

햇살에 밝고 투명하게 비치던 단풍들의 모습에는 이제는 쓸쓸하면서도 범접 못 할 신중함이 서려 있다. 한때는 밝고 환하며 빛나던 생의 가벼운 모습들은 이제는 보이지 않는다. 긴장된 어둠만이 남아 있을 뿐이다. 몇 번의 밤과 낮이 지나가고, 또 몇 번의 이슬을 맞고 서리를 맞으며, 또 몇 번의 바람과 비가 지나가고 나면 저들의 생애는 저 어두운 땅 속의 깊은 곳에 안식처를 차릴 것이다. 내려놓음으로 해서 홀가분해지는 생의 비밀을 저들은 아마 땅으로 떨어지는 순간 알게 될 것이다.

단풍의 계절이 지나가면서 나에게 가르쳐준 교훈이다.

땅콩이 열렸다

강태홍

친구가 불쑥 땅콩을 내밀었다. 먹으라고 주는 게 아니고 한번 심어보라고 했다. 텃밭을 즐겨 가꾸는 나를 생각하여 시댁에서 땅콩 씨앗을 구해온 것이었다. 굵고 튼실했다.

나는 땅콩을 먹어만 봤지 심기는커녕 땅콩 줄기나 잎이 어떻게 생겼는지 본 적도 없었다. 씨앗을 준 친구도 마찬가지였다. 씨앗을 받아들고 망설이다가 친구의 성의가 고마워 심기로 작심했다. 그런데 아는 게 아무 것도 없으니 난감하기 짝이 없다. 인터넷으로 자료를 찾고 농사꾼에게 물어보았다. 그렇게 해서 겨우 심는 방법을 알게 되었지만 이미 심을 시기를 놓친 뒤였다.

농작물은 심는 때가 따로 있다. 그 시기를 놓치면 그해의 농사는 허사다. 모처럼 온 기회인데 그냥 단념하기에는 좀 그랬다. 내가 텃밭 가꾼 햇수가 얼마인데. 부랴부랴 거름을 듬뿍 뿌리고 삽으로 깊숙이 땅을 파서 고랑을 만들고, 비닐을 덮고 간격을 맞추어 구멍을 내었다. 한두 알씩 정성껏 땅 속에 묻고 흙을 덮었다. 그렇게 땅콩 농사를 시작했다.

나는 새벽잠을 설치면서 매일 땅콩 밭을 돌아보았다. 시기가 늦었으니 마음이 더 바빴다. 이제나저제나 싹이 나오기만 초조히 기다리던 어느 날, 싹 하나를 발견했다. 드디어 허리를 꼬부린 싹이 고개를 내민 것이었다. 하얀 것이 토실토실하고 튼튼했다. 한 톨의 씨앗이 이렇듯 신비롭고 경이로울 수가 있을까. 때를 놓쳤지만 뒤처지지 않고 자기 존재를 알리는 것이 반갑고 기특했다.

그런데 하루아침에 한 고랑의 싹이 몽땅 없어졌다. 아무리 둘러보아도 알 수 없는 일이었다. 흔적도 없으니 이상했다. 누구 짓일까. 다음날 새벽에 밭에 갔을 때 놀라운 일을 보게 되었다. 봄철이면 뒷산에서 '꿩꿩' 울어서, 나를 놀라게 하던 장끼란 놈이 텃밭까지 내려와 땅콩 싹을 몽땅 먹고 있는 것이 아닌가. 기가 찰 노릇이다. 주인이 맛도 못 본 것을 제 마음대로 먹다니. 도둑질한 땅콩이 그리도 맛있는지 아주 몽땅 먹을 기세였다. 어찌 장끼뿐이랴. 비둘기란 놈도 그 옆에서 쪼아 먹고 있었다. 아무리 배가 고파도 주인 몰래 먹는 도둑놈의 심보가 괘씸했다. 그 후부터 나는 모든 일을 제치고 새벽마다 밭에 나가 지켰다.

며칠이 지나자 고개 숙인 싹에서 잎이 벌어졌다. 그 잎은 다른 작물과 모양이 전혀 달랐다. 동그란 게 앙증스럽고 예쁜 것이 갓 피어나는 소녀의 얼굴이었다. 줄기 마디에서 올라오는 가지도 단정했다. 쑥쑥 자라 키가 내 무릎까지 커갔다. 얼마 후 원줄기 밑

부분이 갈라지면서 그 사이로 노르스름한 봉오리가 고개를 내미는 게 아닌가. 동그란 잎 겨드랑에 붙어 있는 것이 마치 어미 품에 안긴 것 같다. 앙증맞은 것이 얌전했다. 집안에 들여 놓고 바라보면 좋을 화초 같았다.

어느 날, 몸을 오므리던 꽃이 활짝 피었다. 아주 작아서 보일 듯 말 듯 한 자그마한 노란 꽃이 무엇이 그리 부끄러운지 자꾸 땅 속으로 기어들어갔다. 모든 것들은 저마다 하늘 높은 줄 모르고 자기 주장만 내세우는데 유독 땅콩 꽃만 몸을 낮추니 더 정이 갔다. 있는 듯 없는 듯 조용히 해야 할 일을 아는 듯 자그마한 꽃은 아무도 알아채지 못하는 사이 땅 속으로 숨어 들어가버렸다. 비바람에 부대끼고 잡풀이 제자리를 침범해도 키가 쑥쑥 자랐다. 제 맡은 몫을 다하는 모습이 대견스러웠다. 그것은 식물이나 사람도 매한가지다.

여름이 지나고 추석도 지나갈 무렵이었다.

"땅콩을 캐셔야죠?"

땅콩 수확 철을 모르는 나를 옆 밭에서 재촉했다. 급한 마음에 줄기를 잡고 힘껏 당겼다. 어이없게도 내 몸이 벌렁 뒤로 나둥그러졌다. 기다란 줄기가 무색하다. 고구마 줄기를 잡아당겼던 것처럼 힘을 주었으니. 뽑힌 줄기에 무게가 느껴졌다. 놀랍게도 뽑혀 나온 뿌리마다 뽀얀 실 끝에 셀 수 없이 조롱조롱 땅콩이 붙어 있었다. 긴 타원형으로 두껍고 단단한 황백색 꼬투리가 헤아릴 수 없이 많았다. 시기가 늦은데다 저들이 좋아하는 사토질이 아닌데도 그리도 많이 결실을 보았으니 신통했다. 하도 신기하여 누군가에게 보여주고 자랑하고 싶었다.

이렇게 사랑받는 땅콩은 멀고 먼 남미에서 건너와 일본이나 중국에서 많이 재배한다. 대부분 사람은 땅콩을 견과堅果로 여긴다. 땅콩이 견과인가 협과인가 헷갈리기 때문이다. 그러나 깍지 속에 두 개의 알맹이가 들어 있으니 팥이나 콩과 같은 협과莢果에 속한다. 그래도 견과는 아니지만, 호두, 잣과 같은 대접을 받는다. 쓰임새가 같으니 그런가보다.

꼬투리 속에 두 개의 붉은 알맹이가 데구루루 나온다. 오랫동안 어둠 속에 있다가 세상 밖으로 나온 것이다. 감추어두었던 몸이 일시에 밝은 세상으로 나와 기지개를 켠다. 그 붉은 빛깔의 얇디얇은 속옷을 벗기면 단단한 속살이 아주 뽀얗다. 뜨겁게 달군 팬에 볶으면 고소한 맛이 입안에 사르르 돈다. 게다가 고소한 맛은 맥주의 쌉쌀한 맛과 잘 어울리는 게 찰떡궁합이다. 땅콩, 오징어로 술꾼들은 취한다.

늦게 심었는데도 풍성하게 수확을 하고 보니 고마웠다. 한 알을 심어 열 배 스무 배를 수확하니 감사한 일이 아닌가! 수확한 땅콩을 이웃과 친구에게 전하는 순간의 보람은 근래에 경험하지 못했던 기쁨이었다.

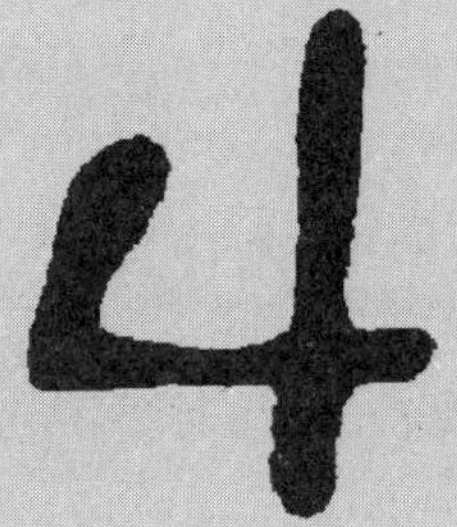

백만기
김진기
천나미
김진순
정정근
이동순
방승순
김소희

우리는 당신을 잊지 않겠습니다

백만기

그날은 일요일이었다. 그렇지만 아침 일찍 회사에 출근했다. 기온마저 뚝 떨어져 몹시 쌀쌀한 날이었는데 일부 직원들과 함께 춘천에 있는 정신지체아 시설에 위문을 가기로 한 것이다. 아침에 서울을 출발하여 두 시간 남짓 걸려 목적지에 도착했다. 우리를 맞이하느라고 그랬는지 말끔히 바닥 청소를 해놓았다. 그러나 좋지 않은 냄새가 남아 있는 건 어쩔 수가 없었다. 평소의 어려운 상황을 짐작케 했다.

기다리던 그곳 스탭들과 먼저 인사를 나누고 안으로 들어갔다. 오랜만에 낯선 사람을 봐서 그런지 아이들이 몹시 반가워하며 우리들의 품에 안겼다. 지적 수준은 낮았지만 덩치가 작은 아이들이 아니어서 처음에는 어떤 일이 발생할지 몰라 은근히 걱정이 되었다. 그러나 그건 기우였다. 우린 곧 그곳 분위기에 익숙해졌다. 갖고 간 위문품을 전달한 후 아이들과 춤도 추고 노래도 부르며 즐거운 시간을 보냈다.

직원들이 그렇게 원생들과 시간을 보내고 있을 때 나는 그곳에 근무하는 어느 사회복지사와 이야기를 나누었다. 시설 현황을 듣다가 얘기 말미에 '가장 큰 애로사항이 무엇이냐'고 내가 물었다. 그랬더니 그녀는 어려운 환경에서 일하는 건 괜찮지만 '아무도 내가 하는 일에 관심을 기울여 주지 않을 때가 힘들었다'고 하며 눈물을 글썽거렸다. 그 얘기를 들으니 나도 마음이 무거웠다.

오후 늦게 그곳 원생들과 작별 인사를 나누고 춘천을 떠났다. 서울로 오면서 나의 머리에는 많은 생각들이 오갔다. 위문이랍시고 이렇게 한번 다녀가면 그것으로 우리가 할 일은 끝난 것인가? 하는 생각이 계속 뇌리에 남았다. 그리고 내게 자신의 어려움을 토로했던 사회복지사의 모습도 떠올랐다.

다음 날 아침 회사에 출근하여 전 직원을 상대로 공지사항을 하나 썼다. 먼저 여러분들이 거두어준 비용으로 어제 위문을 잘 다녀왔다는 감사의 글을 쓰고, 다음으론 나의 생각을 적었다. 불우이웃을 돕는다는 게 이렇게 일과성의 행사로 끝나서는 부족하며 꾸준히 지원을 해주는 게 필요하다는 글과 함께 매월 월급의 일정액을 떼어서 그들을 도와주자는 제안을 했다. 그리고 우리가 모은 돈으로 연탄을 사서 주면 최소한 그곳의 아이들이 겨울을 춥지 않게 보낼 거라는 얘기를 덧붙였다.

직원들의 반응이 어떨지 궁금했다. 결과는 예상 밖이었다. 모두들 자기 월급에서 일정 금액을 공제하겠다며 신청을 했다. 임원실에 보고하니 사장을 비롯하여 임원들도 좋다고 했다. 그런데 공제 금액이 문제였다. 일부 직원들은 자기 월급에 비해 과도한 금액을 떼어달라고 신청했던 것이다. 임원들의 입장에서 보면 그것보다 적으면 안 되었고, 직원들에게도 일회성에 그치는 게 아니고 매월 공제할 것이니 감정에 치우치기 보단 신중하게 생각해 달라고 요청했다. 이렇게 협의를 거쳐 공제할 금액의 상한선이 마련되었다.

나는 이런 뜻을 춘천에 있는 시설의 원장에게 전달했다. 그리고 한 달 난방비 예산을 알려달라고 했다. 다음 달부터 그 금액에 해당하는 돈을 송금하기 시작했다. 마음 속으로 사회복지사를 떠올리며 '우리는 당신을 잊지 않겠습니다'란 말을 전하고 싶었다. 우리가 월급에서 공제한 돈이 그것보단 더 되었기 때문에 여분의 돈이 쌓였다. 회사 규모가 커지자 불우 이웃을 돕기 위해 적립한 돈도 점점 많아졌다. 나중에는 그곳뿐만 아니라 다른 이웃도 지원할 수 있게 되었다. 한 사회복지사와의 작은 인연이 큰 열매를 맺게 된 것이다. 내가 총무과장 시절이었으니 벌써 꽤 오래된 일이다.

지금도 여러 곳에서 많은 사람들이 불우 이웃을 돕기 위해 애를 쓰고 있다. 국력이 커져선지 이젠 해외까지 나가서 어려운 이웃을 돕고 있다. 아프리카 수단에서 봉사를 했던 고 이태석 신부나 말라위에서 봉사활동을 펴고 있는 메조소프라노 김청자 교수의 사례가 좋은 예다. 그렇다고 우리 모두가 그들처럼 일선에 나가 봉사를 할 필요는 없다. 그러나 그들이 그러한 일을 할 수 있도록 평소에 관심을 갖고 뒤에서 도와주는 일은 필요하다. 그게 바로 우리가 할 일이다.

나는 이렇게 임종을 하고 싶다

백만기

애들아, 아버지다.

오늘은 나의 장례에 관해 몇 자 적겠다. 내가 이런 얘기를 한다고 해서 놀랄 건 없다. 지금 내게 무슨 큰병이 있는 건 아니니까. 하지만 여기저기가 불편하고 마음이 약해진 건 사실이다. 언제가 될지는 모르겠지만 어차피 세상을 떠날 것이고 그때를 대비해서 미리 너희들에게 나의 뜻을 전해주는 게 좋겠다는 생각이 든다.

왜 이런 생각을 하냐면 사람들이 죽음을 남의 일로만 여기고 있다가 막상 일이 닥치면 우왕좌왕하는 경우를 많이 보아 왔거든. 그리고 장례의 절차에 대해 가족끼리 의견이 달라 서로 다투는 것도 보았고. 또 경험이 없다보니 주위 사람들의 말에 휘둘리는 경우도 많다. 너희 형제는 제발 그러지 않았으면 한다. 그래서 나의 뜻을 아래와 같이 밝히니 임종에 관해선 부디 당사자의 뜻을 존중해 주었으면 좋겠다.

1. 내게 임종의 순간이 다가온다면 나는 병원이 아니고 집에 있기를 바란다. 지금도 임종을 앞둔 사람들이 무의미한 연명치료를 계속하며 중환자실에 있다가 아무도 없는 새벽에 그저 홀로 죽음을 맞이하는 경우가 적지 않을 게다. 얼마나 서글픈 일이냐. 그러므로 나의 병이 악화되면 집으로 옮기도록 해라. 나는 얼마를 더 사는 것보다 내가 있던 곳에서 너희들의 손을 잡고 떠나고 싶다.

2. 임종을 하더라도 나의 시신을 병원의 장례식장으로 옮기지 말았으면 한다. 살아서도 그렇지만 죽어서도 병원에는 가기 싫다. 더구나 차가운 시신 보관소에 있고 싶은 사람이 어디 있겠니. 요즘은 공동주택에서 생활하기 때문에 이웃에게 좀 불편할진 모르겠지만 짧은 기간이니 양해를 구하고 집에서 장례를 진행했으면 한다.

그리고 아무리 아버지라도 이미 죽었으니까 혹시 시신과 함께 있으면 너희들이 무서워할지도 모르겠구나. 하지만 죽은 내가 일어나서 야단을 치겠느냐, 잔소리를 하겠냐? 그런 일은 없을 테니 공연한 걱정하지 말고 그 시간을 형제들과 지나간 이야기를 나누며 가족의 정을 돈독히 하는 기회로 삼아라.

3. 추운 겨울이 아니라면 방의 창문은 좀 열어 두었으면 좋겠다. 비록 죽은 몸이지만 그래도 밤하늘의 별도 보고 싱그러운 공기도 마시고 싶다. 혹시 아니? 새라도 울어 줄지.

4. 나의 관은 고급스러운 것을 사용하면 안 된다. 저급한 것도 괜찮지만 너희들의 마음이 아플지 모르니 그저 중간 정도 가격의

관을 쓰도록 해라. 그리고 수의를 입히지는 말아라. 항상 새 옷은 불편할 뿐이다. 그리고 수의를 마련하기 위해 돈을 쓸 필요도 없다. 그 대신 내가 가장 아꼈던 양복을 입히도록 해라. 그게 보기에도 좋을 게다. 그리고 염을 한 후 염포로 수족을 묶는 행위도 하지 마라. 내가 무슨 잘못을 한 것도 아닌데 그것도 볼썽사납다. 다만 관을 옮기다가 시신이 흔들릴 수도 있으니 공간에는 내가 입던 평상복들을 잘 채워 넣었으면 좋겠다.

5. 나의 장례절차에 직업적인 장의사가 관여하지 않기를 바란다. 내가 아무리 몸을 움직일 순 없다고 하더라도 남의 뜻에 따라 내 몸이 다루어지는 건 원치 않는다. 다만 너희들이 잘 모르는 게 있을 땐 그저 조언 정도만 듣도록 해라. 너희가 직접 장례절차를 진행하는 게 불편할 수도 있겠지만 좋은 경험이 될 거라고 믿는다.

6. 임종의 순간에 내가 의식이 있으면 모르되, 만약 의식이 없다면 인공호흡기를 삽관하거나 심폐소생술을 시술하지 마라. 그 시술을 무시하는 게 아니고 임종을 앞둔 노인들에게는 효과가 거의 없다. 임상 의사의 말을 빌면 목에 가시가 걸려도 괴로운데 큰 호스를 삽입하는 건 환자에게 너무 고통스럽다고 한다. 그리고 무엇보다 말을 할 수가 없으니 얼마나 답답하겠니. 나는 그저 조용히 가고 싶다.

7. 나는 죽음이 다가오면 단식을 하다 죽고 싶다. 그러므로 강제로 급식을 시켜서는 안 된다.

8. 나의 임종 소식을 외부에 알리지 마라. 살아서도 그렇지만

죽어서도 남에게 폐를 끼치고 싶진 않다. 많은 사람들을 불러들이는 것도 번거로운 일이다. 그리고 조문객을 맞이하느라고 가족끼리 보내야 할 그 소중한 시간을 빼앗겨서도 안 된다. 다만 너희들이 이름을 기억하고 있는 나의 몇몇 친구에게 알리는 건 괜찮다. 아마 그들도 너희처럼 나와의 이별을 아쉬워 할 게다. 그리고 너희들을 도와 줄 수도 있을 거고.

9. 만약 너희들에게 자식이 있다면 아이들도 장례절차에 참여시키도록 해라. 요즘엔 핵가족화 되고 또 병원에서 임종을 하는 경우가 많기 때문에 어린 아이들이 죽음을 체험할 수 있는 기회가 거의 없다. 그런 까닭에 죽음을 잘 모르고 죽음에 대해서도 막연한 두려움을 갖게 된다. 그러므로 할아버지의 죽음을 통하여 나의 손자들이 소중한 경험을 얻고 많은 걸 배우게 되기를 바란다.

10. 나는 수목장이 바람직하다고 생각하지만 우리 가족 묘지가 있으니 별도로 여기저기 알아보지 말고 그곳을 이용하는 게 좋겠다. 그리고 무덤에 봉을 올리거나 비석을 세우지 마라. 다만 위치를 표시하기 위해 작은 돌을 하나 놓는 건 괜찮다.

11. 나의 죽음을 너무 슬퍼하진 말아라. 나는 그런대로 잘 살아왔다. 그리고 아직은 잘 모르지만 미지의 세계에 가서도 잘 지낼 것이다. 또 장자의 우화처럼 죽은 사람이 살아있는 사람을 가엾게 여길지도 모를 일이다. 오히려 나의 죽음을 통해 너희들이 형제의 우애를 다지고 죽음의 의미를 생각하는 기회가 되기를 바란다.

죽음은 삶에서 겪는 마지막이자 가장 귀중한 경험이다. 죽음의 순간에 어떤 생각을 갖느냐에 따라 그의 내세가 결정된다는 얘기도 있다. 여하간 그 순간은 죽어가는 사람에겐 깨달음을 얻을 수 있는 마지막 기회이며 자기가 공경하던 신에게 귀의를 하기 위해 기도도 해야 하는 엄숙한 시간이다. 그러므로 그 순간에 가족들이 울음을 터트린다거나 소란을 피워 죽어가는 사람의 정신을 어지럽게 해선 안 된다. 가급적 죽어가는 사람이 마음의 평안을 얻을 수 있도록 곁에서 도와주었으면 좋겠다.

이상이 나의 임종과 장례에 관하여 내가 바라는 바다. 시간이 지나면 또 생각이 바뀔지 모르겠으나 크게 달라지진 않을 것이다. 유념해 두었다가 일을 닥쳐서 당황하는 일이 없도록 해라. 또한 평소 죽음을 묵상하고 어떻게 삶을 살아야 할지를 생각하는 시간이 되었으면 한다.

서재에서 아버지가

'신세'가 어떻게 되세요?

김진기
jkakim@naver.com

"누나, 동성동본이 뭐야?"

아들아이가 제 누이에게 물었다.

딸아인 그래도 누이라고,

"같을 동에 성두 몰라? 니 본이 어디야?"

"그럼 게이야?"

딸아인 성을 김가의 성으로 얘기했고, 아들은 성을 sex로 이해했던 거다.

91년에 중학생 딸, 초등학생 아들을 데리고 가족이 뉴질랜드로 이민을 갔다. 처음 도착해서는 학교 수업을 따라가느라 알아듣지도 못하는 영어 어휘를 한마디라도 더 늘리는 데만 힘썼다. 그러다 3, 4년이 훌쩍 지나 돌아보니 아이들은 고등학생인데도 모국어 수준은 집에서 쓰는 일상어가 고작이었다.

언어학자들은 우리 같은 이민자에게 영어는 제2국어가 되는데, 그 능력은 모국어의 수준 이상으로 발전할 수 없다고 한다.

이민 가기 전 10여 년을 사우디아라비아에서 살았다. 그때 만난 한국 청년이 한국어가 어눌해 '갈등'이란 말을 듣고 왜 자꾸 등이 가렵다 하느냐고 물어 우리를 뒤집어지게 웃게 만들었던 일도 생각났다. 웃으면서 '옥스퍼드를 졸업하면 뭔 소용이야? 한국 사람이 한국말을 못하니 영 모자라 보이네. 어떻게 한국말도 안 가르치고 영어만 배우게 됐을까?' 생각하며 모국어도 안 가르친 게으른 부모를 만나 멀쩡한 사람 바보 만들었다고 살짝 흉보는 마음이 들었다. 그땐 이민 갈 계획도, 더구나 지구 한쪽 끝 뉴질랜드로의 이민은 꿈에도 생각 안 했다.

그런데 우리 아이들이 꼭 그 청년 모습 아닌가? 그때까지 토요일에는 음악학교에 다니면서 오케스트라 단원으로 악기연주를 배우고, 연습했다. 어르고 달래 음악학교 대신 한국학교에 다니고, 한국 드라마를 보고, 한국 노래를 듣고, 부르기를 권했다.

중학교 2학년 사춘기였던 아들애가 이어폰을 꽂고 듣던 노래다.

> 내가 맘에 들어 하는 여자들은
> 꼭 내 친구 여자 친구거나
> 우리 형 애인, 형 친구 애인 아니면
> 꼭 동성동본.
> ……
> 한 달에 두 번 있는 정기휴일이

왜 꼭 걸리는 거야.

DJ DOC의 「머피의 법칙」이란 제목의 노랫말 중 '동성동본'이 이해 못할 단어였으리라. 딴에는 동성을 나름대로 해석한 게 같은 성끼리의 사건으로 추측해 '게이' 이야기로 짐작했던 거였다. 또 '정기휴일'은 전기휴일로 알아듣고는 "엄마, 한국에는 전기가 안 들어오는 날이 있어?" '정기'란 단어를 몰랐던 거다.

그 후에 아이들이 한국말 공부에 싫증낼 때는 "동성동본이 게이라구? 전기가 안 들어 와? 그렇게 살래? 말래?" 놀리면서 한국어 공부를 위한 채찍으로 썼다.

아들 친구가 식사대접 한다고 모신 이웃 할아버지께 "할아버지 신세가 어떻게 되세요?" 했단다.

할아버지는 "내가 나이 들어 타향살이를 하니 저 어린 것마저도 내 신세를 걱정하누나" 하셨다고 한다.

어른께는 나이라 하지 않고 연세라 한다는 걸 배우고는 신세와 연세가 머릿속에서 꼬인 거였다.

교포 가족들이 만나면 동성동본을 함께 얘기하며 2개의 언어를 한꺼번에 배우는 어려움을 얘기하곤 했다.

그때는 아들에게 공부 안하고 매일 노래만 듣는다고 탐탁하게 여기지 않았으니 큰소리로 듣지 못하고 이어폰으로 들어 그 노래가 어떤 노래인지도 몰랐다. 아들이 즐겨듣는 노래엔 관심 없이 단지 '동성동본'을 설명하면서 한국 노래 적당히 듣고 학교 공부 더 열심히 하라고 다그치기만 했다.

우리가 이민 갔을 때는 한국 사람도 적어 처음 뉴질랜드 학교에 아이들이 입학 했을 때 딸은 중학교에서, 아들은 초등학교에서 각각 최초의 한국인이었다. 알아듣지도 못하는 말로 공부하기가 얼마나 힘들었을까? 요즘 학교에서 왕따 당하는 학생들 이야기를 들을 때면 아이들 어렸을 때 생각이 난다. 말을 듣지도 하지도 못했으니 형태가 다르긴 하지만 왕따도 그런 왕따가 없었으리라.

나 또한 아이들과 다르지 않았다. 처음 도착해서는 어디를 가도 깨끗하고 모두가 그림 같은 풍경이었다. 길을 가다 모르는 사이에도 마주치면 서로 인사말을 나누는 사람들을 대하며 넉넉한 마음으로 아름다운 자연과 여유로운 생활이 즐거웠다.

그런데 몇 해가 지난 후에는 '그림이 밥 먹여 주냐고!' 하는 마음과 감탄하며 보았던 풍광도 시들해졌다. 게다가 텔레비전 프로그램은 온 신경을 곤두세우고 들어도 도무지 무슨 내용인지 정리가 안됐다. 한국에선 진공청소기를 돌리며 등 뒤로도 다 알아 들었는데 말이다. 모르는 말이 나올 때마다 아이들에게 물어 볼 수도 없었다. 가끔 엄마 때문에 그 다음 말을 못 들었다고 투덜거릴 땐 여간 자존심 상하는 게 아니었다. 내가 못하는 영어를 애들에게는 빨리 배우게 할 욕심으로 그 애들의 어려움은 안중에도 없었다.

모르는 말로 공부하면서 이 정도로 하는 건 아주 대단한 거라고 아이들에게 힘을 보태기보단, 이것밖에 못하냐고 채찍질만 했던 게 마음 아프다. 그때 아들이 좋아하는 노래를 함께 들어보고 DJ DOC의 댄스도 같이 보면서 힘들고 답답한 아이들 마음을 헤아려 주었더라면….

이 글을 쓰면서 아들에게 노래 제목을 물어봐 「머피의 법칙」이란 걸 알았다. 노랫말도 찾아보고 유튜브로 들어보기도 했다. 또 DJ DOC가 '디스크자키 드림 오브 칠드런'의 약자이고 멤버 세 사람이 모두 디스크자키였다는 것도 알게 됐다. 이 노래 후 '머피의 법칙'이란 단어도 우리나라에서 유행어로 쓰이게 되었다 한다. 앨범을 7집까지 냈고 그룹은 2011년에도 신세대 가요부문 대상을 받았다. 한두 번 들어보니 흥겨운 멜로디, 신나는 춤, 재미있는 노랫말에 또 듣고 싶어지는 곡이다.

요즘 뉴질랜드에 살고 있는 딸, 아들과 카카오톡으로 사진, 동영상을 주고받는다. 아직 두 돌도 안 된 손자녀석 재롱 뒤로 방 한쪽 벽에 한글공부 그림을 붙여 놓은 게 보인다. 아마도 2개 언어를 동시에 익히느라 손자도 아들 내외도 2배로 노력을 해야 할 게다. 손자가 커가면서 힘들어 할 때 더 잘하라고 다그치기만 하기보다 어려움을 알아주고 힘을 돋우어 주는 아빠 엄마가 되어주면 좋겠다.

카톡으로 아들에게 "머피의 법칙, 노래 좋던데! 이 재밌는 노랠 혼자만 들었단 말이지!" 미안한 마음을 담아 문자를 보냈다.

답이 왔다.

"그 노래 시끄럽다고 안 좋아하셨는데? 엄만 연세를 거꾸로 드세요?"

제2012-26호

보이지 않은 향기 상

김진기

위 사람은 가까운 듯 먼 듯 거리를 가늠할 수 없지만 은은한 듯 강렬한 듯 딱 부러지게 설명할 수 없는 향기로 발길을 멈추게 하는 숨은 꽃처럼 그 매력의 끝을 보여주지 않아 즐거운 기대감으로 찾고 싶은 마음 가득 담아 이 상장을 수여합니다

2012년 7월 5일
아가위수필문학회

남편 실종사건

천나미

해외근무 중인 남편은 4개월 마다 휴가를 온다. 이번에는 입국 날짜가 친구 자녀의 혼인날과 겹쳤다. 나는 결혼식장을 다녀와야 할 것 같았다. 남편은 마중 나올 필요 없다고 했지만 작은아이를 공항으로 내보내겠다고 했다.

가족과 떨어져 혼자 사는 객지생활에 대한 안쓰러움으로 공항 출국과 입국 때는 꼭 마중과 배웅을 한다. 입국장 앞에서 목을 빼고 가다리다 남편이 나타나면 달려가 포옹을 하고, 남편은 그런 아내를 힘차게 안고 한 바퀴 빙그르르 돌려주는 영화의 한 장면 같은 재회! 아서라, 우리 부부 사이에 그러한 퍼포먼스는 가능성 제로다.

"잘 있었어?"

"응. 당신 힘들었지."

출국장에 모습이 보이면 반가움에 흔들던 손을, 그저 지그시 맞

잡고 짐을 챙겨 집으로 향한다. 번번이 그랬다.

평소에 남편과 나, 아이들 사이엔 간결한 대화가 일상이다.

다른 사람들은 우리 가족구성원 중 사분의 삼이 여자라고 이야기하면 집안 분위기 좋겠다며 부러워한다. 상상하는 것처럼 애교스럽게 착착 감기는 성격들이 아니기에 '여자도 여자 나름'이라고 대답하곤 한다.

가까이 지내는 친구네는 우리 집과는 정반대다.

그녀는 전화벨이 울리면 수화기를 들며 먼저 이렇게 말한다.

"여보!"

"그대의 여보가 아니어서 미안합니다."

이렇게 그녀를 놀리기도 했지만 전화를 그렇게 받는 것이 무리가 아님을 나는 안다. 그녀의 남편은 출근하면서부터 일과의 전 과정을 아내에게 중계하다시피 하니 그럴 수밖에. 한 집은 주체 못하게 넘치고, 한 집은 너무 아끼는 극명한 대조를 이루면서 이웃해 살고 있다. 그 친구네는 아이들조차 엄마와 잠시만 연락이 되지 않으면 내게까지 물어온다. 때론 몰랐으면 싶은 내용까지 알게 되니, 대화가 넘치는 집이라도 부럽지는 않다. 우리 집 분위기대로 사는 게 더 익숙했기 때문일 게다.

남편 입국시간에 맞춰 딸아이를 먼저 공항에 내보내고 결혼식장으로 향했다.

예정 시간에 비행기가 들어왔다는 아이의 문자를 받았다. 삼십 분 이내로 부녀상봉이 이루어질 것이다.

그런데 아이가 사십 분이 지나 오십 분이 넘어도 출국장에 아빠 모습이 보이지 않는다고 전화를 했다. 어떻게 된 일일까? 차츰 속이 타들어 갔지만 기다릴 수밖에 없었다. 아이를 진정시키며 탑승객 명단을 확인해 보라고 시켰다. 남편이 근무지에서 사용하는 폰은 국내에 들어오면 통화가 안 된다. 혹시 하는 마음으로 남편의 휴대전화번호를 눌러보았지만 역시 알아듣기 힘든 중동지역 안내 멘트만 반복될 뿐이었다. 아이는 공항의 안내 데스크도, 항공사에서도 탑승객 명단을 확인해줄 수 없다는 말뿐이라며 울먹거렸다.

이리저리 남편의 소재를 확인하려 노심초사 하는 사이 두 시간이 훌쩍 지나갔다. 회사 직원은 가끔 휴대한 짐이 문제가 되어 입국 과정에서 지체되기도 하니 조금 더 기다려 보자고 했다. 남편은 평소 짐을 과하게 가지고 다니는 사람이 아니다. 간단한 소지품과 노트북 정도만 휴대하기 때문에 그럴 리가 없다. 분명 아이가 기다리는 것을 알 텐데 전화 한 통화도 할 수 없는 큰 문제가 생긴 것이 틀림없다. 생길 법한 온갖 사고는 다 떠올랐다.

걱정을 넘어 공포의 단계까지 갔다.

결혼식장에 도착하여 혼주에게 인사만 하고 급히 되돌아가는 전철을 탔다. 휴대전화기를 쥔 손엔 땀이 흥건했고 머릿속이 점점 아득해질 무렵, 딸아이에게 연락이 왔다. 남편 실종 후 두 시간 반이 지난 시각이었다.

"엄마! 아빠 집에 도착하셨대."

통화를 끝내자마자 집 전화번호가 뜬다. 남편의 소재가 확인되니 바싹 당긴 고무줄처럼 탱탱했던 신경 줄이 툭 끊긴 듯 현기증이 났다.

4개월 만에 마주한 아내는 남편에게 어떻게 그럴 수 있냐며 분통부터 터뜨리는데, 그 남편의 반응은 너무 태연했다.

"그럼 어떻게 해? 도착하니 딸내미도 안 보이고 해서 빨리 집으로 왔지."

"전화라도 했어야지. 분명히 작은애가 나간다고 했잖아."

"나 국내용 폰 없는 거 당신도 알면서…."

"공항 내에 공중전화 있잖아. 아니면 지나가는 사람한테라도 잠시 한 통화 빌려 당신 근황을 알렸으면 이토록 맘고생들은 안했을 거 아냐? 이 주변머리 없고 무딘 남자야!"

"아빠. 어느 게이트로 나왔어? 난 A쪽에서 기다렸는데. 아빠 너무했어."

한 남자에게 두 여자가 따발총 질을 했지만 해프닝으로 끝난 것이 다행이다 싶었다. 말이 많으면 버릴 것도 많다는 생각으로 그동안은 남편의 과묵한 성격에 큰 불만이 없었다. 그런데 이 일을 겪고 나니 주체 못해도 넘치는 쪽이 백 번 낫겠다는 생각이 들었다. 아끼고 속에 간직했던 말이나 표현, 너무 깊숙이 박혀 있다가 제 기능을 잃고 만 것은 아닌가. 그렇다고 하루에 몇 번씩 전화 중계를 할 만큼 달라질 남편도 아니기에 그동안 살아온 아날로그 방식에 최신 디지털을 하나 더 추가하기로 했다. 남편이 가지고 있는 아이팟에 카카오 톡이라는 어플리케이션을 깔았다. 음성통화는 아니어도 문자로 연락을 주고받을 수 있는 새 통로가 생겼다. 나도 사용하던 폰을 스마트폰으로 바꾸었다. 가족 전체 비상연락망을 다시 만들었다. 뒤늦게 외양간을 고쳤다.

질주 본능

김진순

춘천마라톤 행사에 참가해 두 시간 남짓 선수들을 응원한 적이 있다. 처음에는 박수를 치며 응원을 하다가 차츰 나도 그들처럼 달리고 싶은 욕망이 일었다. 백 미터 간격으로 시야에 들어오던 주자들이 오십 미터, 십 미터, 간격으로 들어오자 현장의 열기가 차츰 내 안으로 전해졌는지 나도 그들과 함께 달리고 싶었다.

현장에서의 마라톤 열기는 뜨겁다. TV에서 보았던 팬티 하나만 입고 달리던 마라톤과는 달리 화려한 복장과 다양한 디자인으로 모양낸 선수들. 다리 근육에 형형색색의 문신을 하기고 하고, 불꽃 모양의 머리를 하고 뛰는 선수도 있다. 햇볕을 가리는 가리개도 다양한 모습들이다. 회사 로고를 달고 뛰는 사람들도 있고 서로를 응원하며 달리는 이가 있는가 하면 묵묵히 저 혼자 달리는 사람도 있다.

주자들이 내 앞으로 오는 소리가 들려왔다. 오색 단장한 이십여 명의 농악대는 달리는 선수들을 위해 한껏 흥을 돋우고, 춘천 호반의 바람은 나뭇가지를 흔들며 달리는 참가자들에게 응원을 보냈다.

달리는 선수의 다리는 무쇠처럼 단단하다. 그들 근육은 훈련의 강도를 보여준다. 조여진 허벅지에선 생명력이 전해져 온다. 근육이란 하루 이틀에 만들어진 것이 아니기에 아름답다.

마라톤 행렬이 지나가고 나서도 한참을 달리고 싶은 욕구로 온몸이 스멀거렸다. 마라톤이란 단어에선 질주한다는 여러 의미가 증폭되어 있다. 현대인에게 속도감은 날로 가속화 되어 가고 있다. 해마다 마라톤 인구가 늘고, 마라톤에서 길게 이어진 행렬을 보면서 어쩜 사는 일도 이렇게 한 방향으로 흐르는 것은 아닐까 하는 생각을 해본다. 모든 운동에는 중독성이 있다. 더구나 스피드가 있는 종목인 마라톤은 더 강한 것이어서 사람들이 열광하는지도 모르겠다.

자기 페이스로 세상을 살기란 여간 어렵지 않다. 앞서 가는 사람들을 따라가느라 허겁지겁 달리다보면 후회하기 십상이고 남의 속도를 따르다보니 자신을 잃기가 쉽다. 때론 어려워 마라톤을 선택된 경우도 없지 않으리라.

자주 나에게 묻는다. 너는 지금 어디쯤 가고 있냐고. 어릴 적 놀면서 불렀던 '어디만큼 왔니~' 하던 소리가 귓가를 자주 맴돈다. 도돌이 음표가 이어지는 것도 세상 속도에 떠밀리지 않으려는 자기 확인일 것이다. 혹여 내가 나를 잃어버리는 것은 아닌가 싶어서다. 인디언 어느 부족은 말을 타고 달리다 뒤돌아서서 뒤를 돌아다보는 습성이 있다고 들었다. 달리는 몸을 영혼이 미처 따라오지 못할까봐 기다려 준다는 것이다.

비행기의 발명도 인간의 질주 본능에서 나왔다면 비약일까. 현실의 벽을 넘기란 힘이 든다. 인간에게 신이 준 날개가 상상력이란 생각을 하곤 한다. 할 수 있다면 상상력을 최고로 질주시켜 멋지게 한 생을 살다 가고 싶은데, 날개는 늘 장애를 만나 자유롭지 못하기 일쑤다. 날지 못하면 뛰기라도 해야 한다는 조급증이 마라톤에 열광하게 하는 동력이 된 것 같다.

문득 아이들을 키울 때가 생각났다. 걸음마를 막 떼고 난 후 이제 제대로 걷는가 싶을 때, 아이들은 마냥 뛰어 당황한 경험이 있다. 생각 없이 앞으로 내딛는 아이들. 그들에게 생성되는 에너지는 좀처럼 지칠 줄을 모른다. 아마 인간은 걷기 시작하면서부터 달리기를 시작하려 한 건 아닐까. 무심히 뛰어가는 어린아이처럼 우리에게는 질주본능이 무의식 속에 숨겨져 있다.

질주 본능은 우리들 삶 속 어디서나 만날 수 있는 것 같다. 욕망을 향해 달려가는 일 또한 마라톤과 크게 다르지 않다고 생각한다. 목표를 갖고 고지를 향해 다다르는 일이, 성취를 이루고 나서 만족하는 일이 개개인의 몫인 것처럼. 그러나 혼신으로 질주해 보지 않고는 얻을 수 없는 성취감도 마라톤의 전력 질주와 닮았다. 나도 가끔 그 욕망을 감출 수 없을 때가 있다.

이날 마라톤을 보면서 달리고 싶은 욕망으로 스멀대는 자신과 만났다. 내게도 내재되어 있었던 또 다른 자아를 본 것이다. 그러나 이를 제어하는 자제력도 동시에 갖추고 있어야 한다는 걸 새삼 깨닫는다. 춘천 마라톤은 나에게 숨은 욕망을 하나 깨워준 시간이었다.

인생도 긴 마라톤이다. 여기 참가한 이상 나도 달리는 선수들처럼 전력 질주해야 하는 운명을 거스를 순 없으리라. 질주 본능이 내 상상력으로 스며들기를 바라며 행사장을 빠져 나왔다.

앵무새 사육 실패기

정정근

빈 조롱을 버렸다. 첫 입주자는 잉꼬 한 쌍이었다. 항상 붙어 앉아 정답게 지저귀더니 몇 달 되지 않아 차례로 죽었다. 그 후 문조 한 마리를 덤으로 받으며 십자매 한 쌍을 사 왔다. 혼자 남은 문조를 처리하기 곤란했던지, 십자매와 잘 지낼 거라며 새 장수가 선심 쓰듯 준 것이었다. 그러나 십자매 부부의 눈총이 따가웠는지, 외로움을 견디기 힘들었는지 문조 또한 얼마 못 가 죽어 버렸다.

십자매는 건강했다. 한 달이 조금 지나자 알을 열한 개나 낳았다. 한 개를 먹어치운 것 말고는 모두 부화했다. 메좁쌀에 달걀노른자를 버무려 말렸다가 주니 잘 먹었다. 갓 부화한 새끼들의 모습은 볼품이 없었다. 몸보다 큰 머리통에 금세 튀어 나올 듯한 시커먼 눈자위, 맨송맨송하면서 얇은 피부. 그러나 하루가 다르게 안구가 자리를 잡으며 살도 붙고 털도 자라 예쁜 아기 새들이 되었다.

어미와 새끼들이 구별 안 될 정도가 되었다. 녀석들은 바닥으로 내려와 사이좋게 모이를 먹고 둥지도 알아서 나눠 썼다. 그래도 비좁았는지 문만 열리면 탈출하려고 난리였다. 모이를 주거나 물을 갈아주다가 한 마리씩 놓치는 날이 늘어갔다. 두 마리가 죽기도 했다. 가엾기도 하고 귀찮기도 하여 남은 놈들을 다 날려 보냈다. 그러고 나니 새삼스레 걱정이 되었다. 조롱 속 새들은 먹이를 구할 줄 몰라 밖에서 오래 못 산다는데.

'진홍앵무새'라는 것을 또 한 쌍 들여왔다. 잉꼬보다 좀 큰 듯했다. 머리통은 매끄러운 연두색, 가슴은 탐스러운 붉은 털, 꽁지깃은 초록빛으로 길쭉했다. 좁쌀을 주면 알맹이만 까먹으니까 날마다 껍질을 날려버리라고 했다. 주변을 깨끗하게 해주고 귤껍질을 가루 내어주면 좋다고 했다. 조용한 방에 두고 정확한 발음으로 같은 말을 계속 들려주면 말도 할 수 있다고 했다.

첫날은 벙어리인가 싶을 정도로 조용했다. 분위기 탐색을 마쳤는지 이튿날 아침부터는 오드득까드득 마음놓고 찧고 까불었다. 주둥이를 맞대고 쫑알거리는 것이 옹알이하는 아기 같기도 하고, 유치원 다니는 손자가 노래를 부르는 것 같기도 하고, 청춘남녀가 밀어를 속삭이는 것 같기도 했다. 집안이 한결 밝아진 듯했다. 새장을 청소해주거나 먹이를 줄 때마다 '안녕'이라고 해보았다. 저희들 소리를 흉내내거나 휘파람도 불어줬지만 반응은 없었다.

한 달이 지났다. 놀이터에서 들려오는 아이들 소리, 장사꾼 소리, 관리실 방송 소리 등 온갖 잡음에 청각이 무뎌졌을까. 놈들은 말을 따라 하기는커녕 휘파람을 불어줘도 듣는 척 만 척이었다. 그네에 앉아 서로 털을 골라주다가, 부리를 비벼대다가, 좁쌀을 까먹다가, 물을 찍어먹다가, 물그릇에 날개를 퍼덕이며 목물을 하다가, 그것도 시큰둥하면 둥지 안에 나란히 들어앉아 나를 빤히 쳐다보는 게 전부였다. 잉꼬와 다를 게 없어 본전 생각이 났다.

또 몇 달이 지났다. 아직도 나는 미련을 버리지 못하고 인사말을 가르치려 했다. 그러다가 텔레비전을 통해 앵무새와 잉꼬가 어떻게 다른지를 알게 되었다. 몸빛이 희거나 검고, 꽁지깃이 짧으며, 머리에 관이 있으면 앵무새라고 했다. 알록달록하면서 꽁지가 길고 관이 없으면 잉꼬라는 것이었다. 순간, 새 장수 꾐에 빠졌다는 생각이 들었다. 하얀 털에 황금빛 관을 쓴 우아한 모습의 앵무새와 견주기야 했으랴만, 별수 없는 잉꼬였구나 싶으니 맥이 풀렸다.

처음부터 잉꼬라고 알았으면 실망도 하지 않았을 것이다. 속았다는 생각에, 어수룩한 자신은 돌아보지 않고 죄 없는 새들만 흘겨보았다. 놀아주는 것도 시들하여 새 소리 테이프만 틀어주었다. 괭이갈매기 · 밀화부리 · 곤줄박이 · 섬개개비들이 우짖었다. 고양이 소리를 내는, 명랑하게 노래 부르듯 하는, 구시렁대듯 하는, 비명을 지르듯 하는 뭇 새들의 지저귐. 모습은 보이지 않고 낯선 소리만 들려 짜증이 났던가. 악다구니만 써댔다.

"늬들 정말 이럴 거야? 왜 밥그릇에 똥을 싸놓고 난리야, 엉?"

후텁지근한 날씨 때문인가 싶어 창문에 갈대발을 쳐주었다. 그래도 여전히 모이도 물도 먹는 둥 마는 둥 하고 심술인지 장난인지 어수선만 떨었다. 나를 향한 반항 같았다. 깊고 아늑하던 둥지를 물어뜯어 접시로 만들어놓기까지 했다. 털갈이 철이었는지 조롱은 새털과 짚북데기 천지가 되어 아무리 청소를 해줘도 소용이 없었다. 그래놓고 문만 열리면 뛰쳐나오려고 푸드덕댔다.

찬바람이 불었다. 서리가 오더니 진눈개비도 날렸다. 창문을 모두 닫았는데도 새새틈틈 냉기가 스몄다. 직사광선도 좋지 않지만 온도 차이가 심하면 건강이 나빠진다던 말이 생각났다. 그렇다고 또 짚 둥지를 넣어주면 바숴버릴 것 같아 작고 검은 플라스틱 화분 두 개를 맞붙이고 한쪽을 텄다. 플라스틱 바닥이 차가울까 싶어 가제수건을 깔고 그 위에 납작해진 둥지 밑바닥을 넣어주었다. 새장의 삼면은 투명비닐로 감싸 나름대로 겨우살이 준비를 마쳤다.

묘한 일이 벌어졌다. 밤이 되어도 한 놈만 화분 속에 들어가 있고 다른 놈은 횃대에 앉아 두리번거리기만 했다. 밑동만 남았어도 짚 둥지를 쓸 때는 먹어도 잠을 자도 함께 있었는데. 권태기였는지, 잠자리가 낯설어 번갈아 불침번을 서기로 했는지, 화분 속도 조롱도 답답하여 짜증이 났었는지. 어쩌다 몸이 닿기라도 하면 서로 쪼아대며 까스럼을 떨었다. 그렇게도 다정했던 놈들이 달라도 너무 달라졌다.

12월, 나들이 갔다가 하룻밤 자고 왔다. 현관을 들어서는데 새소리가 예사롭지 않았다. 급히 조롱 안을 들여다보니 한 놈은 주둥이에 피를 벌겋게 묻힌 채 홰에 앉아 울부짖고, 다른 놈은 몇 군데 털이 뽑힌 채 바닥에 엎어져 있었다. 밤낮 홰에 앉아있던 놈이 얼어 죽은 것인지, 화분 속에 있던 놈이 병들어 죽은 것인지, 화분 속에 있던 놈이 홰에 나와 앉으려다 물어 뜯겼는지 알 수 없는 일이었다.

혼자 남은 새는 눈에 띄게 잠잠했다. 아무것도 먹지 않고 가르랑거릴 뿐 울음도 노래도 악도 쓰지 않았다. 뛰쳐나가고 싶어 하던 때가 생각나 큰 문 작은 문 활짝 열어놔 봤지만, 눈꺼풀을 하얗게 밀어 올리며 졸기만 할 뿐 아무 의욕도 보이지 않았다. 즐거웠던 날을 회상하는 것 같기도 하고, 초연한 자세로 죽음을 기다리는 것 같기도 했다. 그러던 어느 날 아침, 녀석도 엎어져 있었다.

사랑만 줬어야 할 새들이었다. 앵무였든 잉꼬였든 인간의 손에 길들여져 사랑만 받고 살아가도록 훈련된 놈들이었다. 그런데 나는 맘에 안 든다고 야단치며 무시했다. 해서 외로움이 깊어져 병이 났던 모양이다. 한겨울에 사람의 체취도 온기도 없는 집안에 저희만 남겨두고 이틀 동안이나 집을 비웠으니 얼마나 춥고 무섭고 고독했겠는가. 생각해서 만들어줬지만 체질에도 맞지 않았을 플라스틱 화분 둥지도, 새장 주변을 비닐로 감싼 것도 건강을 해쳤던 듯하다.

그런데 그렇게도 다정했던 놈들이 앙숙이 된 까닭은 무엇이었을까. 암수 한 쌍이 아니라 동성 두 마리였을까. 그래서 어렸을 때는 친구로 잘 놀았어도 짝을 찾는 시기가 되어 서로를 밀어냈던 것일까. 수놈은 암놈보다 색깔도 진하고 덩치도 크다는데 내가 보기에 그놈들은 똑같았다. 만일 암수 한 쌍이 아닌 동성 두 마리였다면, 그래서 서로 싸우다가 죽은 것이 사실이라면 새 장수 탓일 수도 있다. 하지만 암수 구별도, 앵무새와 잉꼬도 식별 못한 내 책임은 더 크다.

다시는 새를 키우지 않으려고 빈 조롱을 미련 없이 버렸다.

엄마의 명품지갑

이동순

소녀 시절 내가 살았던 곳은 기차역 부근이었다. 시골의 역 풍경은 어디나 그렇듯이 한적하고 쓸쓸하였다. 가을이 되어 코스모스가 하늘거리거나, 드문드문 국화꽃이 피어 있을 때는 더욱 그랬다.

겨울이 한창 깊어 갈 무렵, 여느 때와 같이 엄마는 재봉틀 앞에, 나는 책상을 대신한 밥상 앞에 앉아 있었다. 그러나 바늘을 쥔 엄마의 손끝만 방에 있었을 뿐, 쓸쓸한 눈길은 언제나 바깥을 향하고 있었다. 밤이 깊으면 더욱 또렷이 들리는 기적소리에 마음을 빼앗긴 엄마의 얼굴은 달빛처럼 은은할 뿐, 말이 없었다. 서울로 유학 간 당신의 장남이 그리워서일까.

이제 며칠만 있으면 큰오빠가 온다고 했다. 딸 셋은 달력에 엄마가 쳐놓은 빨간 동그라미가 있는 날을 학수고대했다. 그러나 엄마와 같이 순수한 그리움이 아니었다. 우리들의 기다림은 아들이 보고 싶었던 엄마의 마음을 꾹꾹 눌러 차린 푸짐한 밥상에서 떨어지는 고물이었다. 엄마가 지칭하던 '쓸데없는 가시나들'의 밥상과는 격이 달랐으니까. 얻는 게 있으면 잃는 것도 있던가? 오빠 덕에 맛있는 것은 좀 먹었다만 며칠 후엔 먹은 값을 치러야 했다. 그동안 모인 시험지를 오빠한테 검사받아야 했고, 임시 가정교사는 매우 깐깐했고 냉정했다. 이제는 빨리 돌아갈 날만 학수고대했다. 나는 속으로 오빠가 돌아갈 날에 빨간 동그라미 두 개를 치고 있었다.

드디어 그날이 왔다. 역으로 걸어가는 말쑥한 오빠의 뒷모습은 여중생이었던 내 눈에도 멋이 있어 보였다. 비록 엄마에게 손은 잡혀 있었지만….

멀리서 시커멓게 달려오는 기차를 보더니, 엄마는 잡고 있던 아들의 손을 놓았다. 그리고는 치마를 확 걷어 올렸다. 마치 속옷 패션쇼를 하듯.

오빠는 당황하였고, 우리들은 멍하니 쳐다만 보고 있었다. 꾀죄죄하기만 하든지, 얼룩덜룩한 무늬나 없든지, 그렇지 않으면 속바지 주머니의 줄이라도 맞춰 달든지! 게다가 주머니의 윗부분은 지퍼 대신 손가락만한 핀으로 꽉 잠겨 있었다. 그 주머니에서 내놓는 건 십 원짜리 지폐 몇 장이었다. 지금의 얼마쯤에 상당한 금액이었을까? 아마도 만 원짜리 몇 장 정도는 될 것 같다. 아무튼 그 돈은 황당해서 어쩔 줄 모르는 오빠 손에 쥐어졌다.

"이거 가지고 있다가 배 곯지 말고, 디게 급할 때 쓰거래이, 비상금이다."

시종일관 엄마는 당당했다. 일그러진 오빠의 얼굴 앞에서도.

세월이 흘러 우리들이 여고생이 되었을 때도 엄마의 교양 없는 행동은 여전히 이어졌다. 나보다 한 살 아래인 여동생은 성격이 매우 화통하였고, 내성적이었던 나와는 판이하게, 극히 외향적이었다. 또한 가정교육을 남달리 중요시하는 엄마에게 대들기도 하는 아이였다. 우리 둘이 겨울방학을 집에서 보내고 나란히 상경하는 날이었다.

"엄마, 줄 꺼 있으믄 지금 도오. 또 사람들 마이 있는데서 치마 걷어 올리지 말고!"

내 속에 꽉 차 있던 불평을 용기 있는 동생이 말했다. 하지만 그럴 때마다 엄마는 말하셨다.

"없다. 다 줏는데 머가 있노. 인자 아무것도 없다."

나는 속으로 오늘은 정말 그런 행동을 하지 않으려나 보다 하고 안심하고 기차를 탔는데, 이번에는 기차 안에 와서 치마를 걷어 올렸다. 무대가 좁아서인지 엄마의 속옷에 스포트라이트가 비쳐지고 있었다. 그때만 해도 시골에서 서울로 여고에 진학하는 일은 드물었기에, 우쭐한 나는 있는 멋, 없는 멋, 다 내어 폼 잡고 있는데…. 어쩔 수 없이 엄마를 외면해 버렸다. 마치 남남인 것처럼. 그런데 동생은 눈을 치켜뜨고 엄마를 나무라고 있었다. 아마도 엄마는 그때 그 속고쟁이 주머니를 명품 지갑으로 착각하고 있었던 게 아닌가 싶다. 꼬질꼬질한 속옷을 당당하게 내 보이던 우리 엄마, 가끔씩 그때 일을 생각하면 우습기도 하고, 엄마를 외면

했던 일이 후회스럽기도 하다.

알뜰하고 악착같던 내 어머니였다. 나처럼 당신도 종갓집 종부이셨다. 그 시대엔 지금보다 훨씬 힘든 며느리의 삶이었고, 종부의 책임이 있었지만 엄마는 잘해 내셨다. 마치 여장부처럼, 집안 대소가를 휘저으며 경영하시던 어머니 모습을 나는 어렴풋이 기억한다. 그 와중에 밤잠을 줄여가며 삯바느질까지 하셨다. 그렇게 번 돈은 자식들의 호의호식을 위한데 말고도 대소가의 어려운 친척들을 돕는데, 또 종부로서 제수 음식을 더 풍족하게 장만하는데 쓰셨다. 한 푼 두 푼 모아둔 엄마의 명품지갑은 우리들이 서울로 떠날 때는 아낌없이 열렸다. 그러나 정작 당신을 위해서는 아무리 배가 고파도 허리띠를 졸라맬망정, 그 지갑은 열지 않으셨다. 아낌없이 내놓는 돈에는 옵션도 따라다녔다. '공부 열심히 하고' '집에 일찍 들어가고' '너거끼리 싸우지 말고' '편지 자주 쓰라'는.

연민의 풍경 속에 갇힌 사람들

방승순

그날 노정 출발지인 도라산 역에 맨 먼저 도착했다. 사위가 구별이 안 되는 깜깜한 새벽. 두리두리 둘러선 산천에서는 여명이면 깨어나는 새 소리 물 소리가 들려 왔다. 어디선가 커피 내가 흘러들고, 불빛도 희미하게 비추었다. 어렴풋이 얼굴이 구별될 즈음, 어느 장년 부부가 개성으로 가는 관광객을 상대로 매일 새벽 두 시간씩만 운영하고 있다는 노점 호롱불 앞으로 사람들이 하나둘 모여들기 시작했다. 그들은 달뜬 가슴을 추스르기라도 하려는지 모두들 천 원짜리 길 커피 한 잔씩을 하며, 안절부절못하는 듯 서성거렸다.

관광객들은 북쪽으로 갈 수 있는 통관 검색대 앞에 앉아 있는, 왜소한 늙은 군인 앞에 짐을 풀어 보였다. 생수 4병, 안약, 휴지, 립스틱 이것이 전부인 내 짐을 검색하던 그 군인은,

"북쪽엔 물이 없을까봐 이렇게 많이 가지고 갑네까? 이건 뭐

이네?"

안약을 들어보였다.

"약국에서 흔히 살 수 있는 안약입니다."

"그래, 눈약."

"안약이라니까요."

"그래, 눈약."

그가 두 번 묻고, 내가 두 번 대답하고서야 '눈'과 '안'이란 낱말의 뜻이 같다는 것을 깨달은 나는 무엇인가 긴장감이 흐르는 때였지만 깔깔 웃고 말았다. 그도 킄킄 가식 없이 웃어 주었다. 이것은 60년 간이나 단절되었던 언어문화의 한 걸림이었으니 반목하던 체제의 생경한 인간들이란 것을, 그도 나도 잠시 잊은 채 오누이같이 기탄없는 웃음을 나누었다.

사람들은 분별이 안 되는 불안감을 떠안은 채 북쪽으로 떠나는 버스에 올랐다. 운전기사는 현대 직원이고, 앞쪽과 뒤쪽에 평복을 입은 북측 안내원이 1명씩 배석했다. 앞쪽 안내원은 지나치는 북측 지역을 설명하였고, 뒤쪽 안내원은 이쪽저쪽 승객들을 살피는 듯하다가 남편 옆자리에 앉아서 악수를 청했다.

"선생님은 기업하시는 분 같습네다. 남쪽은 노동자 임금이 높은 것으로 아는데 개성으로 오시라요. 남쪽에서 한 사람 쓸 돈으로 개성에서는 25명을 거느릴 수 있습네다." '거느릴 수 있다'는 그의 발언은 자본주의 경제 원리를 추구하고 있다는 것으로 받아들여졌다. 남편은 북쪽 경제 여건에서는 큰돈일 수 있지만 남쪽은 물가가 높고, 문화생활에 비중을 두는 노동자들 대부분이, 그리 넉넉하지 않다고 답변했다.

나 역시 안내원 옆에 앉아가는 게 묘한 두근거림이었다. 일부러 대화를 이끌어내기 위해 이것저것 질문을 던졌다. 차도에서 가까운 밭에 가느다란 옥수수 대가 넘어져 있었다. '뽑혀 있는 옥수수 대는 땔감으로 누구나 가져다 쓸 수 있는가, 혹은 알곡은 누가 가질 수 있는가' 물었다. 협동 농장으로 지정되지 않은 곳은 가까운 농가에서 개인적으로 농사를 지을 수 있고 거두어 가질 수 있다고 했다. 이런저런 얘기를 나누는 동안 까마득하게 그리던 풍경들이 바로 곁으로 스쳐 지났다.

자유로운 대화가 조용조용 오가는 동안 "여기서부터 평양 개성간 고속도로입니다" 안내 멘트가 있었다. 고속도로가 형편없이 남루한 상태다. 손으로 가꾸지 않아서 푸석푸석한 잡초들만 널브러져 있었다. 남쪽의 고을고을 도로마다 정성들여 놓은 꽃길과 비교되어서 만감이 북받쳐 올랐다. 남측 도라산 역을 통과해서 비무장 경계선으로부터 헐벗어서 발가벗은 산들이 이 산, 저 산 할 것 없이 벌렁 드러누웠다. 푸름을 빼앗긴 채 휴면休眠 중이다.

차도에서 그다지 멀지 않은 논둑 밭둑에 군부에서 파견된 것으로 믿어지는 군인들이 뒷짐을 진 채 어슬렁거렸다. 아마도 남측 관광객들의 경거망동을 저지하려는 의도인 듯싶었다. 그들에게서 전의는 보이지 않았다.

오늘 여행지는 내 가족 누구도 살지 않는 곳이지만 막연히 그리워하였던 산천이었다. 그 그리움은 일종의 연민이었으리라. 그래서 박연폭포건 선죽교건 유적지를 보는 게 목적이 아니어서 창밖에 지나치는 마을의 숨소리에 눈독을 들였다. 그리고 거기서 사는 사람들을 보고자 했다. 길가에서 멀지 않은 산자락 밑으로 드문드문 민가가 보였다. 그 집들의 울 밖에서 일을 하는 사람들은 눈에 띄지 않았다. 남쪽 여행 중에 그런 마을을 본다면 '고즈넉하다'고 받아들였을 것이지만 이 고요함은 앙상한 그들의 생애가 아닐까 싶었다. 집 앞 텃밭에 얼굴을 내밀고 있는 무 배추가 한 포기도 보이지 않으니 말이다. 이쪽 사람들은 한겨울 찬으로 무엇을 먹고 사는가 걱정되었다. 남쪽 같으면 김장철이 가까워 집집마다 지천으로 널브러져 있을 채소가 어디에도 없었다. 또 축사를 본 기억도 없다. 한가로이 풀 뜯는 황소라든지 젖소 같은 가축들이 보이지 않으니 헛헛하고 쓸쓸했다. 이 옹색한 풍경에서 그들의 빈곤한 삶이 확연하게 엿보였다.

"이곳이 박연폭포입니다. 질서 있게 잘 보고 오시라요."

북녘 땅을 밟아보는 감회가 나나 다른 이들이 똑같이 벅찼으리라. 숙연한 마음으로 내렸다. 불타는 듯한 단풍의 아름다운 풍취에 비해, 좁은 폭으로 떨어지는 폭포 물살의 낙차가 탄력을 잃어서, 감탄사는 크게 나오지 않았으나 의미 있는 발걸음이었기에 감격적인 마음으로 보려 했다. 차에서 내리자마자 서울 거리의 가판대 같은 매점에서 1$짜리 커피 한 잔을 사서 안내원에게 권했다. 그는 자기 옆에 두 명이 더 있다며 사주기를 청했다. 그들에게 다시 권했다. 고맙다면서 받는 미남 안내원에게 스스럼없이, '참 잘도 생기셨습니다' 진심어린 너스레를 떨었더니 그도 적당한 말을 골라 대꾸해 주었다. 그들과 내가 다시는 만날 수 없을 것이라는 예감을 하며 그들 곁에 바투 앉았다. 나는 그들과 잠시라도 함께 있고 싶어서 한 잔 더 먹겠느냐고 권해보았지만, 오바마의 정책에 관해서 열변을 하는 관광객 쪽으로 자리를 옮겨갔다. 북측의 정치 체제를 비난하는 것은 아니어도 그의 신변이 염려되었으나, 아무렇지 않게 경청하는 안내원들은 하나 둘 그 사람 곁으로 다가가 귀를 기울였다. 그네들이 오바마의 정책에 찬동을 하든 비판을 하든 간에 넓은 세상을 이해하는 계기가 되기를 바랐다.

예스럽고 아늑한 민속여관 거리라는 쾌적하고 아늑한 한옥 마을에서 점심을 먹은 후, 정몽주 생가 숭양원을 관람하면서 북쪽이라는 것을 잊은 채, 인도에 은행잎이 수북이 쌓인 곳으로 한 발짝 내딛는 순간이었다. 사복을 입은 경비원 여러 명이 예의 바르게 저지했다.

"아주머니 여기는 갈 수 없습네다."

신발이 푹 덮일 만큼 수북하던 그 길을 얼마간 걷고 싶었는데 첫 번째 겪은 부자유인 동시에 그네들의 숨겨진 뒷면을 본 것 같았다. 피 속으로 싸늘한 냉기가 들어왔다. 이 차디찬 서늘함은 무엇을 의미하는가…. 그것은 그쪽 인민들의 심장 속에서 박동치고 있는 억압된 통증이었으리라. 침묵을 강요하고, 자유를 통제하는 유일한 땅임을 실감했다. 나를 통제하던 경비원이 고려박물관에 가면, 아름드리 은행나무가 여러 그루 있으니 그곳에서 실컷 밟아 보라던 말대로, 고려조 왕건의 궁터 마당에는 아름드리 은행나무가 고난의 역사 흔적으로 살아 있어 용광로에서 방금 건져 올린 응축된 황금 빛깔을 발하는 잎들이 가득히 뒤덮여 있었다.

아쉬움이 남는 개성 관광이 끝나고 돌아오는 길목에서 색다른 풍경을 보고자 두리번거렸다. 남쪽 드라마에서, 소도시 근대사를 영상으로 담고자 만들어놓은 세트장 같은 건물이 사람이 기거하지 않는 것같이 연이어 서 있었다. 음산해서 사람의 숨결이 깃들어 있지 않은 듯했으며 복작거리는 시장이라든가 상가를 한 군데도 보지 못했다. 다만 퇴색한 유리창에 '닭곰탕집' '결혼사진관' '식료품가게'라고 납작하게 쓰인 옛날식 간판 세 곳뿐이었다. 마침 개성공단에서 퇴근하는 사람들을 볼 수 있었다. 대부분 자전거를 타고 있었다. 활기 넘쳐 보인다. 공단 건물들은 남쪽 어느 신도시처럼 환하고 화려했다. 정치적 이념이나 제도 따위와는 상관없는 천진난만한 동심이 왁자지껄 우렁찼다.

당연히… 북녘 하늘에도 서서히 노을이 물들기 시작했다. 남쪽이나 북쪽이나 하늘도 땅도 한 덩어리인데도 자유로이 넘나들 수 없는 경계가 엄연히 존재한다는 것이 눈물겨웠다. "여기서부터는 남측 지역입니다." 안내자의 말이 들렸다. 차창 밖 사방을 쳐다보았다. 푸르게 수런거리는 산, 채 거두지 않은 가을 곡식들이 풍요롭게 물결치고 있었다. 가까운 곳과 먼 곳 여기저기 송전탑이 즐비하게 대열을 이루고 서 있다. 금방 세워진 듯 번득번득 눈부셨다. 우람하고 용맹스럽기까지 한 송전탑을 보는 순간 북쪽에서는 송전탑을 보지 못했다는 것을 깨달았다. 불과 몇 시간 전에 밟았던 북녘 땅, 푸름을 잃어버린 민둥산을 떠올리며 남쪽 땅에 살고 있는 것에 새로운 자긍심을 갖게 된다. '치산치수'라는 가히 혁명적 정책으로 나무를 심고 과실수 심기를 장려하였던 지도자에게, 감사하는 것이 내 주관적 감상만은 아닐 성싶었다.

도라산 역에 도착해 차에서 내리기 전 내 옆에 앉았던 안내원에게 개성으로 가던 오전의 무례에 아량을 부탁했다.

"이 운동화 값이 제법 나가는 것이니 드리고 싶습니다."

"필요없습네다." 손사래까지 치며 단호한 어투로 거절했다.

얼마나 무례한 여자였던가. 참으로 부끄러웠지만 어둑해지는 저녁, 헤어지는 마당에서 그의 눈을 바라보며 진심으로 사과했다. 부디 한 국가로 통일되어 모든 사람들이 친밀한 이웃이 되기를 기도하겠다.

오대산 가는 길

김소희

남편 친구 중에 가끔씩 만나서 밥을 먹는 부부가 있다. 함께 만나기는 하지만 약속은 주로 남편이 잡고 내 시간이 괜찮은지 확인하는 절차를 밟는다. 그날도 그랬다.

"성식이가 밥 먹재는데?"

"오늘?"

"아니, 수요일."

"그래요."

육하원칙을 무시하고 잡은 약속이었다. 오래 산 부부는 그래도 별 문제가 없다. 친구 부인이 현직에 있으니 저녁 약속이 분명한데 더 알아야 할 어떤 것도 필요하지 않았다.

수요일이 되자 아침부터 마음이 조급했다.

"빨래도 해야 하고 요구르트도 만들어야 하고 빵도 구워야 하고."

입으로 연신 일감을 들먹이며 손가락으로 시간을 계산했다. 빨래야 햇볕 정도에 따라 건조 예상시간을 점쳐야 하고 세탁기 돌아가는 시간에다 마당에 너는 시간과 또 걷어서 개키는 시간까지 계산해야 하니 그럴 수 있다. 하지만 여섯 시간이면 충분한 요구르트 만드는 일이며 세 시간 남짓이면 되는 빵 굽는 일까지, 버튼만 눌러놓으면 그만인 일들도 신경이 쓰였다. 굳이 오늘 하지 않아도 되는 일들을 해치우느라 오전 내내 부산했다.

오후가 되면서 마음은 더 갈피를 못 잡았다. 뭘 해도 시간이 안 맞을 것 같아서 선뜻 무슨 일을 할 수 없었다. 일찌감치 외출 준비를 마치고 책을 들었다. 이런 때 드는 책은 읽기 위해서가 아니고 기다리기 위함이다. 밖에 나간 남편을, 남편이 돌아올 시간을, 약속 시간을….

다섯 시. 휴대폰을 들어 단축번호 1번을 눌렀다. 들려오는 음악소리를 따라 부르며 할 말을 연습했다. 최대한 상냥하게.

"어디야?"

음악이 끝나고 나보다 더 상냥한 목소리로 대답하는 전화 저 편의 여자.

"고객님이 전화를 받지 않사오니…."

화들짝 놀라서 내려놓은 휴대폰. 이젠 책도 들 수 없었다. 애꿎은 휴대폰만 노려보았다. 깜깜해지면 눌러서 시간을 확인하고 또 꺼지면 다시 켰다.

다섯 시 반. 더 참지 못하고 휴대폰을 집어 들었다. 잠깐 망설이다 재다이얼을 눌렀다. 여전히 흥겨운 음악이 들리지만 상냥한 연습 따위는 하지 않았다. 조금 퉁명스럽게 해도 당연할 듯해서였다. 이번에도 남편 대신 아까 그 여자가 받았다. 이젠 십 분마다 전화를 걸었다. 주저하지 않았다. 외려 당당했다.

다섯 시 오십일 분. 막 전화를 끊자마자 벨이 울렸다.

"어디야?"

상냥하게 연습하던 거와는 거리가 멀었다. 화를 누른다고 눌렀는데 볼멘소리가 나왔다.

"전화했었네?"

미안해서인지 내 목소리에 트집을 잡지 않았다.

"오늘 약속 아냐?

"응응."

"몇 신데?"

"지금 가면 되지."

"몇 신데?"

나도 모르게 톤이 높았다.

"집 앞에 가서 전화해야지. 내려와."

열어 두었던 창문을 닫으며 자장가를 불렀다. 아침부터 부산했던 마음, 남편 때문에 끓어올랐던 마음을 잠재웠다. 현관문을 잠그고 대문을 닫을 때까지.

판교로 넘어가서 호젓한 곳에 차를 세웠다.

"어디야?"

"몰라. 여기 어디 살 거야."

남편이 친구에게 전화를 걸었다. 조금 있다가 아무 소리 없이 전화를 끊었다. 잠시 후 또 전화를 걸었다. 이번에도 아무 소리 없이 전화를 끊었다.

"전화를 안 받네."

남편은 민망해 하지만 나는 고소했다.

전화놀이가 계속되었다. 나도 그대로 있을 수 없어서 그쪽 부인에게 전화를 걸었다. 남편 전화를 받던 여자가 전화를 받았다.

"안 받지?"

"응."

"싸웠나?"

"……."

남편은 친구에게, 나는 그쪽 부인에게 계속 전화를 거는 사이 주위가 어둑어둑해졌다.

"사고 났나?"

"집에다 전화해볼까?"

"집 전화번호를 아나. 집에 가야 있지."

"그럼, 집에 가요."

"늦었는데, 어디 가서 저녁 먹고 갈까?"

"걱정되니까, 일단 집부터 가요."

전화불통 한 시간, 차를 돌렸다. 고속도로를 들어선 후에 전화 벨이 울렸다.

"얌마, 너 어떻게 된 거야."

"니놈아는 와 안오는데?"

"한 시간이나 기다리다 집에 다 왔다."

"내도 한 시간이나 기다렸다. 빨리 와."

"집에 다 왔다니까."

"돌려서 오라카이."

전라도 사투리와 경상도 사투리가 한 옥타브 높게 엉켰다.

고속도로를 빠져나와 다시 차를 돌려 고속도로로 들어섰다.

"오대산 가는 길, 거 안 있나?"

"오대산까지 어떻게 가."

"아니. 판교 거 안 있나. 식당."

"어? 어, 알았어."

이제야 내비게이션이 제대로 작동했다.

안 봐도 안다. 친구는 음식점을 설명했지만, 만나는 게 중요하지 무얼 먹든 대수냐는 남편은 건성이었을 것이다. 만나서 가면 되는데 길까지 설명할 필요 없다고 여겼을 것이다. '오대산 가는 길'이 오대산 가는 길인 줄 알았지 음식점이라고는 생각하지 못했을 것이다. 삼십 년을 '길'에서 보낸 사람들이니까.

친구부부는 정각 여섯 시에 식당에 도착했다고 했다. 그런데 '가던 날이 장날'이라고 휴업이었다. 주변에 있는 한정식 집을 물색해서 전화를 하려니 휴대폰이 없었다. 집에 두고 나온 것이었다. 부인 역시 귀찮아서 두고 나온 참이었다. 다행히 '오대산 가는 길'

길목이라 지켜 서 있기로 했다. 안에 들어가지도 못하고 입구에서 서성였다. 춘삼월이라지만 밤바람이 만만치 않아서 동태가 될 지경이었다. 마침내 남편이 차에 시동을 걸고 집으로 갔다. 부인 혼자 남겨두고….

"세상에, 말도 없이 가버렸어요."

만나자마자 그쪽 부인이 내게 하소연했다.

"휴대폰 가지러 갔는데 이놈아가 오면 우짜나 말이다."

내 대신 그쪽 남편이 대답했다.

"어휴, 남자들한테 맡겨 논 내가 잘못이지. 다음엔 우리가 약속 잡아요."

"뭐, 그러던가."

말은 내게 하는데 대답은 계속 그 남편이 했다. 아내는 흘겨보고 남편은 기죽는 체 해주었다. 싸울 뻔했던 우리 부부도 그렇게 웃고 넘어갔다.

사십만 원짜리 문제집

김소희

우리는 종종 '잃는 것'과 '잊는 것'을 혼동한다. 통틀어 그냥 '잊었다'고 한다. 완전한 손실을 의미하는 '잃는 것'에 반해, '잊은 것'은 다시 회복할 수 있다고 생각하기 때문일까.

나는 무엇을 잃어버린 기억은 별로 없는 데 반하여 잊어버리는 것은 예삿일이었다. 그러나 공부를 하고, 외우고, 기억하는 것과는 별개여서 웃고 넘어가곤 했다. 오히려 너무 웃어서 탈이었다.

대학교 3학년, 맹장수술을 하고 입원해 있을 때였다. 요즘과 달리 10cm나 절개해서 일주일을 꼬박 병실에 누워있어야 했다. 혼자 쓰는 작은 온돌방이었지만 심심하지는 않았다. 세 자매가 모여서 MT 기분을 냈으니까. 국민학교부터 고등학교까지 같은 학교를 다녔던 터라 공유하는 에피소드가 많았다. 언니와 동생이 주고받는 얘기를 들으면 시간가는 줄 몰랐다. 어쩌다 나도 한마디 했지만, 시작은 내가 해도 금세 바통이 자매들에게 넘어갔다. 언제나

'그게 아니고'였다. 그러다 큰일이 벌어졌다. 내가 잊어버린 담임선생님 성함을 동생이 정정하면서 웃음이 폭발했는데 그만 꿰맨 자리가 터져버린 것이었다.

세상은, 남들이 다 기억하는 사소한 일을 잊어버리는 내게 관대했다. '한 공부한다'는 것으로 모두 커버되었다. 되레 자타공인 '똑똑이'로 살았다. 그 흔한 건망증도 남의 일이었다. 남들이 깜빡깜빡한다고 치매 운운하면 그럴듯한 말로 위로하기까지 했다.

"손에 열쇠를 들고 열쇠를 찾으면 건망증이고, '이것이 어디에 쓰는 물건인고?' 하면 치매래."

오만에 대한 벌인가. 몇 해 전부터, 얘기하다가 갑자기 잊어버리는 '순간망각증'이 나타났다. 처음에는 1, 2초 만에 생각났는데, 기억회복시간이 점차 길어졌다. 어떤 때에는 한나절 지나서야 생각나기도 했다. 그런 일이 거듭되면서 입을 다물어버리게 되었고 대인기피현상까지 생겼다. 사소한 일을 잊어버리는 것과는 달리 심각한 일이었다.

감추려고 애쓴 보람도 없이, 무장 해제된 남동생한테 들키고 말았다. 신이 나서 떠들다가 딱 멈추어버린 것이었다. 티 안 나게 넘어가려고 애를 써도 소용없었다. 할 수 없이 고백했다.

"아, 순간망각증!"

나는 부끄럽고 당황해서 어쩔 줄 몰라 하는데, 동생이 실실 웃었다.

"누나, 나는 그런 일이 있게, 없게요?"

"너도 그래?"

"그것도 강의할 때요."

처음엔, 나 홀로 겪는 증상이 아니라서 위로가 되었다가 나중엔 걱정이 되었다. 하지만 동생은 여전히 웃고 있었다.

"첫째, 뭐 어쩌고 저쩌고, 둘째, 뭐 어쩌고 저쩌고 설명하고, 셋째, 했는데, 생각이 안 나는 거예요."

나는 마른침을 삼키고 손바닥을 바지에 문질렀다.

"그럴 때, 넌 어떻게 하니?"

"그냥 이실직고해요."

힘주었던 어깨가 털썩 내려앉았다.

"셋째, 하고는, '아, 까먹었다. 예전엔 이러지 않았는데, 아들 둘을 낳고부터 이래요.' 그러면 사람들이 까르르 웃어요. 일부러 그러는 줄 아는 거죠. 그러다보면 생각이 나고, 다시 '셋째' 하고 설명을 해요."

동생은 여전히 웃고 있었지만, 나는 내게 마땅한 변명거리를 궁리하느라 머릿속이 복잡했다.

순간망각증이 진행되면서 치매초기가 아닐까 걱정이 되기 시작했다. '누구네 집에서 참기름 쏟았나?' 했더니 우리 집 국 냄비 타는 냄새였고, 생수통에서 물이 흘러넘치기 일쑤였다. 대뜸 어디냐는 전화에 '어디긴 집이지.' 했다가 약속을 잊었냐는 핀잔을 듣기도 하고, 어디 나사 하나 빠졌냐는 소리까지 듣게 되었다. 사소한 일을 잊어버리던 것과는 달리 중요한 일을 잊어버리기 시작한 것이었다.

때맞춰 TV에서는 연일 치매에 대한 방영을 하고 있었다. 그 중에서, 어렸을 때 머리를 다친 경우에 확률이 높다는 말이 마음에 걸렸다. 의식을 잃었었다면 더더욱 위험하다는데 이대로 앉아서 당할 수는 없었다.

뇌신경 센터에서는 고개를 갸우뚱하면서도 검사를 해주었다. 보건소에서는 무료로 검진할 수 있는 것을, 젊다는 이유로 사십만 원이 넘는 비용을 지불해야했다.

"냄비를 태워먹었나요?"

"네."

"불이 나서 집이 다 탔나요?"

"아뇨."

의사가 계속 물었다.

"약속을 잊은 적이 있나요?"

"네."

"그래서 금전적인 손실을 입었나요?"

"네. 밥을 샀죠."

"아니, 재산상의 손실을 입었냐구요."

"아니요!"

터무니없는 문진에 슬슬 본전 생각이 났다.

"집을 잃어버린 적이 있나요?"

"아뇨."

"오늘이 몇 년 몇 월 며칠이죠?"

순간 당황했다. 목요일인 건 알겠는데 날짜가 생각나지 않았다. 가만있자, 25일 성탄절이 주일이었으니까 25, 26, 27, 28, 29.

"이천, 십, 일년, 십, 이월, 이십, 구, 일."

"네, 잘하셨어요."

어라? 칭찬까지 듣고 나니 정말 치매 환자가 된 것 같았다. 의자 깊숙이 앉았던 엉덩이를 반쯤 빼고, 등을 곧추 세웠다. 눈에 힘을 모으고 입을 앙다물었다.

"숫자를 따라 하세요. 이, 사."

"이사."

"이, 팔, 오."

"이팔오."

단순하게 시작된 숫자가 점점 늘어 아홉 개가 되면서, 공부하던 습관이 되살아났다. 거꾸로 뒤에서부터 대답해야하는 고난도로 갈수록 신바람이 났다. 왕년에 수학선생 노릇했던 덕을 좀 본 셈이다.

"지금 밖의 날씨를 문장으로 말하고 써 보세요."

이제야말로 구겨진 자존심이 보상받을 기회였다.

'두 줄이면 될까? 아니, 세 줄은 써야 놀라지 않을까?'

"오늘 날씨가 어때요?"

"바람이 불고 몹시 춥지요."

의사가 다그치는 바람에, 생각과 달리 짧게 대답하고 말았다.

"그렇게 써보세요."

나는 할 수 없이 그대로 썼다.

"잘 하셨어요."

또 칭찬. 우물쭈물하다 치매판정 받을 것 같았다. 초등학교 입학할 때, 셋까지밖에 세지 못했던 억울한 기억이 스멀거렸다.

수학문제, 국어문제에 이어 그림그리기까지, 두 시간 정도 걸린다는 검사를 반 시간 만에 끝내고나니, 늘어졌던 머릿속의 태엽이 팽팽하게 되감긴 것 같았다.

"좌우가 똑같고, 문제, 없어요. 이런 점수는 처음입니다. 허허."

그럼 뭘 기대했다는 건지, 의사는 끝까지 치매환자 취급이었다.

'수학문제집이나 하나 사서 풀 걸.'

나는 그렇게, 잊어버리고 싶은 기억 하나를 챙겼다.

이채원
심금자
장홍군
박 순
최장순
조영주
강정주
정정근
김동식
강채홍

사랑하지 않으면 떠나는 것들

이채원

삶이 답답하고 갇혀있다 싶을 때 다른 사람 글에서 위안을 얻는다. 같은 사물을 두고 사람마다 제각각의 관조도 매력 있는 일 중에 하나이기에 내게 있어 수필은 인생의 선생님 같은 존재다

진작부터 수필 공부를 하고 싶었지만 이런저런 일로 쉽게 시작할 수 없었다.

일 년을 미루다가 봄이 되어 수필반에 등록을 했다. 글을 쓰기보다는 남의 글이라도 훔쳐보겠다는 심정이었다. 낯익은 얼굴도 있지만 생소한 얼굴이 더 많았다. 머릿속에 제멋대로 굴러다니는 단어를 보기 좋게, 듣기 좋게 좋은 문장으로 만들 수 있을까 내심 걱정하며 첫 시간을 그렇게 보냈다.

두 번째 수업을 들으러 가는 날, 입춘 경칩도 지나 명색이 봄인데 날씨는 여전히 겨울인지 봄인지 을씨년스러웠다.

검은 코트가 무거워 보여 붉은 루비 브로치로 치장을 하고, 지

하 주차장에 차를 대고 한가로이 엘리베이터로 10층에 올라갔다. 첫 수업도 잘 지냈으니 조금은 여유롭게 수업을 들으려는데 분명 아침에 달고 나온 브로치가 보이지 않았다. 바닥에 떨어졌나싶어 이리저리 살폈지만 보이지 않았다.

다급한 마음에 염치 불구하고 수업 중에 강의실을 나왔다. 오던 길을 따라 지하주차장까지 갔다. 눈을 밝히고 찾았으나 많은 사람이 오고간 길에 브로치가 있을 리 없었다. 금은 바닥에 떨어지면 땅 속으로 숨거나, 발이 달려 어디로 간다거나 하는 말들이 자꾸만 떠올랐다. 몇 번을 샅샅이 살폈으나 브로치는 보이지 않았다.

무슨 내용을 공부했는지 아무런 기억도 없이 수업을 마치고 집으로 왔다. 브로치 생각으로 기운마저 없었다. 분명히 달고 나가 잃어버린 것을 알면서도 다른 옷깃에 달려 '주인님! 저 여기 있어요' 하는 소리가 들리는 듯하여 옷장을 활짝 열고 살폈지만 역시 그것은 없었다.

심호흡을 하고 조용히 마음을 가다듬었다. 그렇다! 그것은 아주 오래전에 남편이 선물한 것이었다. 모양새가 마음에 안 들었지만 그런 말을 하면 다시는 선물을 안할까봐 한 번도 불평하지 않았다. 하지만 그 브로치를 좋아하진 않았다. 어딘가에 꽂아둔 채 일 년을 지내기도 했다.

무슨 일이든 마음에 들지 않았던 남편과 다를 바 없이 대했다.

가부장적이고 다혈질인 남편과 사는 것에서 문득 문득 자유롭고 싶었지만 나도 최고의 여자가 아닌 것을 남편에게 최고의 남자이기를 요구하는 것이 이기심이라는 생각으로 버텨왔다.

그런데 없어진 브로치를 찾는 동안 얼마 전 읽었던 글이 떠올랐다. '죽어 있는 물체에서도 에너지가 나온다'는 것이었다. 사랑받지 못하면서도 꽤 오랜 세월 동안 내 곁에 머물렀던 브로치. 몇 번을 팔아버리려 가지고 나갔다가 막상 없애려니 아쉬움이 남아 돌아오기를 여러 번이었는데…. 그때마다 상처 받았을지도 모른다는 생각이 들자, 브로치가 그냥 없어진 것이 아니라는 느낌이 들었다.

브로치가 전하고자 하는 에너지가 무엇인지 알 것 같았다. 떠나고 난 후에야 소중함을 깨닫는다는 것을….

그렇게 두 번째 수업은 수백만 원짜리 수업으로 남았다. 그러나 그보다 더한 값을 정할 수 없는 진리를 깨달았다. 미움의 한계를 극복치 못했다면 어쩌면 가버렸을지도 모르는 남편의 소중함이다.

치열하게 살아온 남편과의 젊은 날도 추억으로 남기고, 내 곁에 머무는 사랑하지 않으면 떠날지도 모르는 모든 것들에게 내게 남은 에너지를 다 내놓아야 할 것 같다.

숨은 불씨

심금자

육십 고개를 넘어서고도 봄이 다섯 번이나 왔다. 우연한 기회에 수필반에 들어왔지만 잠들어버린 영혼은 깨어날 줄 모르고, 세일러복 소녀는 어디로 가고 흰 머리 여인이 되어 있다. 가슴 어딘가에 불씨는 남아있을 텐데 살아날 듯 말 듯, 답답한 마음에 허공을 향하여 소리쳐 보기도 했다.

여고시절 문예반에서 활동을 한 적도 없었고 문학서적을 즐겨 읽었던 것도 아니며, 일기도 쓰지 않고 살아왔다. 이런 나에게, 수필 강의는 녹슬고 때가 낀 심성에 단비를 뿌려주었다. 신선한 강의는 젊음의 세계로 빠져들게 했고 아름다운 글들은 마음을 흔들었다. 그러나 수필을 쓰는 것은 어렵고 소질도 없는 것 같아, 겨울만 지나면 교실을 떠나려고 했다. 그러던 어느 날, 번쩍 귀에 들려오는 소리가 있었다.

"글을 잘 쓰려면 명수필을 반복해서 읽고 써라."

'반복? 바로 이거다.'

순간, 기억 깊숙이 잠겨 있던 추억이 떠올랐다.

마흔 살, 살림만 하던 나에게 '유아교육과' 원서를 들고 친구가 찾아왔다.

"우리 같이 공부해서 유치원 하나 세워보자, 응? 원장 자리는 너에게 줄게."

원장이라는 말에 귀가 솔깃했고 마침, 대학 공부도 목말라 있었다.

그러나 설렘도 잠깐, 300페이지가 넘는 책 일곱 권과 강의 테이프가 일곱 상자나 배달되었다. 더구나 유아교육과는 평균 B학점 이상이어야 자격증을 준다는데…. 오전에 남편과 애들을 보내고 교과서를 읽기 시작했다. 처음엔 어떤 내용인지 알기 위해 가볍게 읽었지만, 두 번째 보는데 도무지 내용도 이해할 수 없었고 읽었던 것이 기억도 나지 않았다. 머리는 돌이 되어 있었고 기억의 세포는 죽은 듯했다.

무모한 도전이었다. 책을 던져버리기를 몇 번, 그러나 식구들의 얼굴이 떠올라 다시 끌어안았다. 비장한 각오로 모든 모임을 끊어버렸다. 시장갈 때나 부득이 외출할 때는 강의 테이프를 듣고 다녔고, 잠자는 시간 외에는 읽고, 읽고 또 읽어나갔다. 반복은 잠자는 세포를 깨웠다. 그래도 영어는 어려웠다.

애들과 꽃구경 한 번 못 가고 시험이 한 달 앞으로 다가왔다. 총정리에 들어가야 하는데, 영어는 반 조금 넘게 했다. 남은 한 달, 못 다한 영어를 할 것인가, 아니면 여섯 과목 정리를 할 것인가 고민에 빠졌다. 결국 영어는 재시험을 보기로 하고 덮어버렸다. 4개월 품은 자식 더디게 자란다고 버리자니 가슴이 아팠다.

드디어 시험일. 떨리는 가슴 안고 8시부터 시작된 시험은 오후까지 계속되었다. 영어는 마지막 과목이었다. 재시험을 보기로 한데다 너무 피곤하여 집에 가려고 나왔다가 문제지라도 구경하고 싶어서 다시 들어갔다. 그런데 이게 웬일, 문제를 읽어가는 순간 뇌세포가 살아서 꿈틀거리는 것이었다. 죽었던 자식이 품 안으로 살아온 듯 가슴은 벅차올랐다.

그 여세를 몰아, 스무 살 때 가난한 고시생과 사랑에 빠져 청춘을 불태웠던 그때처럼 불씨는 활활 타오르기 시작했다. 주말이면 남편은 어설프게 심리학 강의를 하는 마누라가 귀여운 듯 열심히 경청해 주었다. 4년의 세월은 나 자신을 위해 바쳤던 시간들 알아가는 재미에 행복했다.

세월이 흘러 하나 둘 떠나버린 빈 둥지. 마음의 글로 그 자리를 채우고 싶다. 지난날은 주로 읽고 이해하면 되는 것이었으나 지금은 쓰는 공부다. 이 나이에 글쓰기 공부를 하리라 생각이나 했던가. 먼지가 낀 영혼. 방법을 몰라 헤매고 있을 때 선생님의 말씀은 가슴을 울렸다. 선배들의 글을 엿보기 위해 두꺼운 노트를 사고 접어두었던 밥상을 꺼내와 이해하기 힘들었던 『데미안』을 폈다.

'새는 알에서 나오려고 투쟁한다.'

나를 두고 하는 말 같았다. 자아를 찾아가는 싱클레어를 따라서 베껴 쓰기 시작했다. 쓰다가 허리가 아프면 바닥에 엎드려서 쓰고,

식탁에 앉아서도 썼다. 초등학생이 쓰기공부 하듯이 명수필도 함께 써갔다. 하루 이틀도 아니고 몇 달을 수필집을 보면서 쓰고 있으니 아들이 왔다 갔다 하면서 보았는지 나에게 물었다.

"좋은 책, 쓰시네요. 그렇게 쓰는 게 무슨 효과가 있나요?"

"옛날에 불이 없던 시절 부싯돌을 쳐서 불씨를 만들었듯이, 좋은 글을 반복해서 쓰는 것은 꺼져버린 마음에 불을 지피기 위해서 쓰는 거란다."

나는 내친김에 아빠 뒷바라지에 정열을 바쳤던 이십 대와, 공부와 사랑에 빠졌던 사십 대의 이야기를 들려주었다. 아들이 말했다.

"어머니의 불씨는 다시 살아날 거예요. 우리 엄마, 생일 선물로 노트북 사드려야겠네요."

옆에서 응원해 주니 저절로 힘이 났다.

작년에 골프채를 바꾸었다. 운동이나 하면서 여생을 보내리라 생각했기 때문이다. 그러나 골프채 대신 볼펜을 쥔 지 4개월, 포기하려고 했던 글을 쓰고 있다.

육십 고개에서 뒤돌아보니, 스무 살을 넘을 때마다 새로운 세계로 향하는 문이 기다리고 있었다. 그 앞에 서 있는데 '데미안'이 또 속삭였다.

'태어나려는 자는 하나의 세계를 깨뜨려야한다.'

나이를 먹으면 낯선 길 떠나기가 더 어려운데, 간밤에도 비바람은 몰아쳤었다. 그러나 열정은 꺼지지 않고 마음 밭으로 날아왔다. 어두운 터널을 빠져나와 빛이 보인 듯, 세포가 다시 꿈틀거리며 심장은 뛰고 있다.

봄바람이 피부에 와 닿는다. 척박해진 뜰에 돌멩이를 치우고, 김을 매고, 거름을 주어 기름진 땅이 될 때, 싹은 돋아날 것이며 꽃도 피어날 것이다.

제2012-20호

소방차 대기해 상

심금자

위 사람은 늘 밝고 예쁜 미소를 지어 천진한 소녀 같은 인상이지만, 영원히 꺼지지 않는 불씨를 가슴에 안고 있으며 무슨 일이든 시작하면 끝을 보고야마는 은근과 끈기가 있어 그 불씨가 큰불로 타오를 것을 믿는 마음으로 이 상장을 수여합니다

2012년 7월 5일
아가위수필문학회

4억 6천만 원짜리 가훈

장홍군

어둡이 깔리기 시작한 오후 테헤란로는 늘 복잡하고 차량 행렬이 끊임없다. 가끔 회사 근처 호텔 로비 라운지에서 사람을 만나는데 오늘은 생각만 해도 머릿속이 엉겨버리는 사람을 만나려고 들렀다. 잠시 후, 검은 사파리 상의에 금테 안경을 낀 남자가 다가와 인사를 해 자세히 보니 오늘 만나기로 한 바로 그 사람(오사장), 자리에 앉으라고 권하며 다시 쳐다보니 6여 년 전보다 늙고 초라해졌고 표정도 불안정했다. 차를 주문하고 안부를 물으며 지나온 우리의 악연을 거슬러 본다.

십 수 년 전 중학교 동기에게 함께 일하고 있는 사람이라며 그를 처음 소개 받을 때만 해도 깔끔한 옷차림과 성실해 보이는 첫인상이 나쁘지 않았다. 그 후 그의 초청으로 건설, 제조업 법인 대표로 근무하는 그의 사무실과 공장을 둘러보았다. 그는 가족이 호주로 이민 갔으나 언어소통이 어려워 혼자 귀국하여 사업을 시작했다고 했다. 가끔 식사를 함께하고 사업정보도 교환하며 친분을 쌓아갔다. 그러던 중, 친구를 시켜 회사 자금 회전이 부족하다며 1, 2천만 원씩 빌려갔지만 약속한 날짜에 잘 갚아 신용 있는 사람이라고 생각했다.

어느 날, 그가 친구와 같이 찾아와 1억 원을 융통해 달라고 했다. 유동자금이 없다고 잘랐으나 대출 받을 수 있도록 담보를 제공해 달라고 졸랐다. 1년 간 쓰고 상환하겠다며 친구와 함께 통사정했다. 나도 사업하는 사람이라 하다보면 자금이 안돌아 갈 때도 있으니 상부상조하는 마음으로 그리 해주었다.

몇 달 후 수도권의 주택 사업부지 6천여 평의 자료를 들고 다시 찾아 왔다. 사업성이 좋다며 3억 원을 빌려달라고 했다. 이 땅을 계약하고 시공사가 지급 보증해 토지 대금을 은행에서 대출 받아 내 원금을 변제하고 아파트 분양수익을 나와 함께 나눠 가질 수 있게 지분을 분배해 주겠다는 제안이었다. 그동안 쌓아온 신의가 있어 다른 사업에 투입하려던 자금 3억 원을 공증증서를 받고 빌려 주고, 그 후에도 몇 차례 운영 자금조로 6천여만 원을 더 빌려 주게 되었다

수개월 후 IMF상황이 발생하였다. 경영난에 봉착한 여러 회사들이 급매로 내놓은 사업 물건들이 많을 때여서 우리 회사는 지방의 3만여 평의 사업부지에 아파트 1700여 세대를 신축하는 사업을 추진하게 되었다. 나는 자금 확보를 위해 친구와 그에게 채무

상환을 요청하였으나 차일피일 미루기만 했다. 채권 회수에 세월을 보내다 정작 큰 사업을 놓칠 것 같아 다른 방법으로 자금을 마련했다.

그러나 워낙 단일 대규모 단지라 시공사 선정부터 공사 단가 협의와 평형별 분양가 책정, PF 대출, 광고 및 분양 등 업무가 만만치 않았다. 특히 문화재 발굴 관계에 착오가 생겨 예상보다 사업 기간이 1년 이상 늘어나는 바람에 월 3억여 원의 금융이자를 추가로 물어야 했다. 3년여, 우여 곡절 끝에 아파트 분양과 공사 진행이 어느 정도 안정되었다.

비로소 여유를 찾게 된 나는 그에게 채무반환을 독촉하기 시작했고, 전화할 때마다 조금만 기다려 달라는 말만 되풀이했지만 믿고 기다렸다. 상황이 안 좋겠거니 내가 사람을 잘 못 볼 리가 없다며 마음을 다스렸다. 그러다 전화 연결이 되지 않아 사람을 보내 경위를 파악해보니 이미 사무실은 비어 있고, 어디로 이사 갔는지 아무도 모른다고 했다. 공증증서에 기재되어 있는 주소로 내용 증명을 보내고, 1, 2개월을 기다려도 아무런 응답이 없고, 행방이 묘연했다.

주변에서는 모두 더 기다릴 필요 없다며 법적 처리를 권했다. 믿고 기다린 시간이 분해 변호사를 시켜 고소장을 작성해 검찰에 제출하고, 나는 나대로 사람들을 시켜 채무자의 행방을 추적, 압축해갔다.

배신감에 가슴에서 화산이 폭발하고 있던 어느 날, 채무자와 간신히 전화가 연결되어 우리 회사 근처 커피숍에서 만나기로 했다.

만나기로 한 날, 약속 장소로 똘똘한 직원 한 명을 데려가 밖에서 대기하면서 내가 그를 만나고 5분 내로 핸드폰으로 전화를 걸지 않으면 즉시 112에 신고하도록 지시했다. 5분이지만 한 번 더 기회를 주고 싶었다. 심복 두 명을 대동하고 나타난 그는 엉뚱한 개인 사정만 늘어놓고 채무변제에 대한 말을 회피했다. 바깥에 있는 직원에게 눈길을 주자 직원의 신고로 경찰이 와서 그를 연행해 갔다. 검찰로 넘겨진 그는 형사 법정에 서게 되었다. 그는 변호사를 선임하여 오리발을 내밀며 되레 나를 반대심문까지 하게 했다.

징역 1년 6월의 판결을 받게 되자, 이번엔 그의 심복들이 찾아와 돈도 못 받고 징역을 살리느니 나와서 벌어 돈을 갚게 하자는 등 합의를 유도했다. 그도 옥중 서신을 보내 나가면 빠른 시일 내 돈을 갚겠다며 선처를 요청했다. 나는 겨우 현금 1천만 원과 호주산 멧돼지 쓸개 300여 개를 3천만 원으로 쳐서 합계 4천만 원을 변제한 것으로 해주었다. 나머지 원금 4억 2천여만 원은 나와서 벌어 갚는 조건으로 합의를 해주고 집행유예 2년으로 감형되어 석방되도록 해주었다.

그런데 얼마 후, 그가 내게 대해 원망 섞인 말을 하고 다닌다는 것이었다. 옥중에 있는 동안 호주에 있는 그의 둘째 아들이 자살했는데 그게 나 때문이라는 등, 집행유예 기간이라 아무것도 할 수가 없다는 등, 아직도 남 탓하며 핑계나 대는 추한 인간의 모습이 실망스러웠고 헛된 믿음에 대한 후회가 내 가슴을 아프게 했다.

합의서 편취로 인한 사기죄의 공소시효 7년, 집행유예 기간 2년이 지나고부터 채무변제를 종용했지만 그는 아무런 성의를 보이지 않았다. 알고 보니 나 말고도 피해자가 많았다. 그의 고향 선배 한 명은 노후 대책으로 사놓은 용인 땅 5천여 평과 이태원의 다가구 주택 한 동을 그에게 담보로 제공하여 8억여 원을 대출 받게 해주었는데, 결국 경매로 모두 날리게 되자 매일 술을 마시다 급사했다고 했다. 그런데도 그는 투자 받은 것이라며 둘러대고 단 일 원의 부채도 상환하지 않고 유가족들을 피하고 있다는 것이었다.

갈수록 기막힌 건, 나와 체결한 합의서에 그를 보증 선 세 명 중 한 명은 간암으로 사망하였고, 나머지 보증인 두 명도 아무것도 없는 날건달이었다. 그가 대표로 있던 회사도 명동 사채 시장에서 수수료를 주고 잠시 사채를 빌려 10억의 자본금으로 가장 납입해 설립한 법인이었다. 그 법인 명의로 은행에서 대출 받은 10억 원도 모두 본인이 직접 입출금 해 자금의 향방을 아무도 모르게 하여 상당 부분을 호주로 빼돌렸을 것이라는 말만 무성할 뿐 이미 폐업처리 해 근거를 확보할 수 없다고 했다.

을씨년스러운 겨울밤, 밖은 현란한 조명이 어둠을 밝히고 있다. 공소시효가 얼마 남지 않은 오늘, 6년여 만에 채무자를 불러 답변을 들으니 "월세 방에 살고… 호주의 며느리가 암에 걸려 있어서…." 구차한 말만 하다가 "수도권의 재정비 사업지구의 사업이 있는데 추진해 보는 게 어떠냐?"고 어처구니없는 제안까지 한다.

더 들을 필요 없이 "1개월 내로 채무변제 방안을 제시하라. 우리 다시 악순환을 되풀이 말자." 하고 일어서 나오는데 찻값 계산도 이리저리 호주머니를 뒤지며 쩔쩔 맨다. 평소에 숨 쉬는 것 빼고는 모두 거짓말인 인간이지만 오늘 형편이 어렵다고 한 말은 사실처럼 느껴진다.

나는 어떤 결론을 내려야 옳을까? 마른 행주 쥐어짜듯 공소시효 지나기 전 법적처리를 해 한 번 더 감옥살이를 시키고 잊어야 하느냐? 아님 혹시나 하고 더 기다려 봐야 하나? 20년 넘게 공무원 월급에서 저축한 돈까지 포함된 당시 분당 33평 아파트 5채 값의 큰돈인데, 언제일지 몰라도 내 돈이 살아 돌아올 수 있을까? 아무리 궁리해 봐도 나이 70이나 된 오 아무개가 남에게 크게 한 건 사기를 치기 전에는 그만한 돈이 생길 방법이 없지 싶다.

사람이 힘도 되지만 때론 독이 되기도 한다. 인정마저 파괴하는 사회의 기생충들은 남은 내 인생에서 제발 엮이지 않기를 빈다. 선대로부터 우리 집 가훈에 '도박하지 마라', '마약 하지 마라', '보증서지 마라' 3대 금기사항이 있지만, 내 삶의 쓰라린 경험으로 내 대에서 또 하나의 가훈을 추가할까 한다.

"돈 빌려 주지 마라. Never!!!"

오늘 꽁지머리를 잘랐다

박　순

가을 단풍 맛에 취할 요량이라면 좀 늦지 싶은 11월이었다.

멀리 보이는 산이 물들기 시작한 것을 그저 바라보기만 하다가 동네 앞산이라도 다녀와야겠다는 생각으로 가볍게 출발했다. 쉽게 생각했던 산행이었는데 제법 오르막이 있고 부서진 낙엽더미가 꽤 미끄러워서 조심스럽게 걸어야 했다. 산 정상까지 갔다가 출발했던 곳으로 돌아오기까지는 많은 시간이 걸렸다.

신발과 바지자락에 묻은 검불들을 털어내고 잘 다녀왔다는 자축을 하며 막걸리 한 잔을 들이켰다. 문득 지나온 세월에 뱉은 비명이 생각이 났다.

지난 3년여 동안 나는 날마다 살아가는 일이 지독하게 험한 산을 겨우 등반하고 내려온 날 같이 고단함의 연속이었다. 후들거리는 육신을 주저앉히면 바짝 마른 입술에서 '아, 힘들다! 좀 쉬고 싶다'는 탄식이 절로 나왔다.

큰딸이 축복을 받으며 결혼을 하고 첫 출산을 했을 때만 해도 그런 날이 올 줄은 몰랐다. 설렘과 기쁨을 미처 누리지도 못했는데 외손자는 백일도 되기 전에 수술을 받아야 했다. 어미인 내가 낳아보지 못한 첫아들을 턱하니 낳았지만 그 뿌듯함을 누릴 새도 없이 어린 것의 간병과 육아에 마음을 녹여야 했다.

그리고 이어진 작은딸의 결혼과 출산. 임신 18주차쯤 되었을까? 태아에게 다운증후군 증세가 보인다고 양수검사를 한 것이 사단이었다. 어이없이 일어난 양막의 파열과 양수의 손실은 태아와 임산부 모두에게 치명적이었다. 병원에서는 임산부를 위해 태아를 포기하자고 하였다.

작은딸은 "엄마인 나만 믿고 있는 아기를 절대 포기하지 않을 거예요." 하며 갸륵하고 용감한 선택을 했다. 그리고 여러 달 동안 두 다리를 덜렁 매달아 올린 채 대소변을 받아내면서 자궁을 지키고 태아를 지켜냈다. 그렇게 얻은 외손녀였다. 고맙게도 다운증후군 증세는 기우였지만, 아기는 양수 없이 몇 주를 버틴 것이 제게도 버거웠던지 미숙아로, 심장비대로 그렇게 첫울음을 힘겹게 토해냈다

나는 종종 큰딸 집으로 불려가서 일터에 나간 딸 대신 외손자의 병원 길에 동행해야 했다. 그러는 중에도 작은딸에게서 미숙아 집중 치료실의 인큐베이터에 있는 갓난아기에게 유축기로 뽑아 놓은 어미젖을 배달해줄 수 있냐는 전화를 받았다.

살아가는 일이 마치 전쟁과도 같았다. 그런데 그것으로 끝이 아

니었다.

신산한 삶의 끝자락이 이어지던 지난여름, 남편이 덜컥 직장암에 걸렸다. 암을 선고 받고 입원을 하고 수술실에 실려 들어가는 남편을 보면서, 그가 살아서 나올 것 같지 않은 불길한 예감에 마음을 졸였다. 다행히 착한 암이라는 직장암이었지만, 수술은 살아 있음에 대한 무감각했던 감사를 일깨우기도 하고 죽을 수도 있다는 공포도 아울러 선물했다.

수술 후, 남편은 외손자보다도 외손녀보다도 더 어려보이는 큰 애기가 되었다. 여러 차례의 항암치료에 따른 식이요법은 30년 전 두 딸의 이유식을 만들어 먹일 때보다 더 힘들고 까다로웠다. 그보다 더 가슴 아프고 민망했던 것은 남편이 잘라버린 장의 길이만큼 짧아진 배변 시간 때문에 종종 기저귀를 차야 하는 것이었다.

두 딸네 집을 한바탕 돌보고 집으로 돌아오면, 투병 중인 남편의 등은 더 휘어 보였다. 나는 그만 털썩 주저앉아 엉엉 울고 싶은 마음뿐이었다. 그러나 나는 모두의 짐을 져주어야 하는 어미이고 아내였다. '그래, 오늘도 한 번 살아보자!' 나는 그렇게 스스로에게 다짐을 했다.

그러는 사이 머리 손질할 겨를이 없이 내 머리는 볼품없이 길어만 갔다.

'이 머리를 어떻게 하지?' 그럴 때 문득 김 여사의 단정한 머리 매무새가 생각이 났다.

김 여사는 큰딸이 중학교 1학년 때 학부모 모임에서 만나 얼추

25년을 사귄 친구였다. 그녀는 남편이 서울시청의 고위직 공무원인 까닭에 모임이 많았다. 윗분들의 부름에 최대한 빨리 가려면 머리는 그냥 잘 빗어 넘겨 묶는 것이 시간 절약도 되고 튀지 않는 차림이라는 것을 체험으로 알고 있었다. 가지런히 빗질한 머리끝에 까만 리본 핀으로 쪽지어 묶은 모습이 마치 조선시대 사대부 집안의 마나님 같은 단아한 차림새였다.

나는 내 뒷머리를 김 여사처럼 망사 덧입힌 핀으로 마감해 다니기로 했다. 어떤 때는 곱창리본이라는 꼬불꼬불한 밴드로 묶기도 했다. 아침마다 머리를 빗어 묶으면서 나는 마치 전쟁터에 나가는 병사가 군화 끈을 조여 매듯 전의를 다지곤 했다.

그러나 여러 날이 지나면서 거울 속에 드러나 보이는 모습은 김 여사의 단아한 모습이 아니었다. 앞머리 속이 휑하게 보일 만큼 성성해진 숱 적은 머리, 그 머리끝에 가느다랗게 묶여 있는 꽁지머리. 거울 속의 나는 고단한 내 삶보다 더 고단해 보이는 노친네였다.

내가 실망스러웠다. 이토록 빨리 늙어가고 싶지 않았다. 내가 꿈꾸던 늙어가는 모습은, 조용하면서도 기품 있게 여유를 즐겨가는 삶이었는데….

나는 오늘 드디어 늙은 노친네 모습의 원인으로 지목한 꽁지머리를 자르고 귀가 살짝 드러나 보이는 짧은 커트머리에 구불구불한 퍼머를 했다.

미용사의 가위질에 떨어져 내리는 꽁지머리처럼 나의 큰 애기였던 남편의 기저귀도 없어질 것 같았다. 아직 세 돌이 채 안 되었지만 그 사이 튼튼하게 자란 외손자는 할머니의 짧은 머리를 예쁘고 젊게 봐줄 것이고 아직도 제 또래 아이들보다 훨씬 작은 꼬마요정 외손녀도 할머니의 커트머리 모습을 보며 '예삐, 예삐' 할 것 같았다.

내친김에 정성스럽게 긴 시간을 들여 화장을 했다. 휑하니 숱이 빠진 앞머리 속을 가리기 위해 부분가발도 얹어보는 호사를 누렸다. 거울 속의 나는 어느 틈에 '오늘도 한 번 살아보자'라고 다짐하던 목쉰 전사의 모습이 아니었다.

"살아있는 날들은 살아볼 만한 날들이야"라고 달콤하게 속삭여주는 따스한 여인의 모습으로 바뀌어 있었다.

나는 오늘 꽁지머리를 잘랐다.

젓가락 하나 바꾸기도 쉽지 않다

최장순

오랫동안 써왔던 가늘고 짧은 은젓가락을 나무젓가락으로 바꾸었다. 목숨 수壽 자가 부적처럼 새겨진 은젓가락, 그것은 아내의 혼수였으니 삼십 년을 함께한 셈이다.

"이제 싫증났어요? 신혼살림으로 해온 것을 왜 바꿔요?"

아내는 탐탁치 않아했다. 더구나 '싫증났느냐'는 말이 가슴에 와 꽂혔다. 아내의 입장에서 '바꾼다'는 것은 단순히 도구를 바꾸는 것만 뜻하는 것이 아니었다. 아내의 말에는 마치 오래 정들었던 사람을 헌신짝처럼 취급하는 것에 대한 서운함이 묻어 있었다.

하지만 은젓가락을 나무젓가락으로 바꾼 것은 내 정서의 변화가 아닌가 싶다. 이를테면 나를 누르고 있던 세월의 무게만큼 덜어내고 싶은 마음이거나, 은젓가락의 차가운 질감을 따뜻한 정감으로 바꿔보고 싶은 욕구 같은 것.

'찌르기'와 '집기'는 나무젓가락에 비해 날렵한 은젓가락이 훨씬 유리하다. 동양의 수저에 비해 서양의 포크가 더 공격적이듯. 그러나 나무젓가락을 선택한 또 다른 이유는 요즘 가까이 하는 현미밥을 천천히 곱씹는 여유와도 어울릴 것 같아서였다.

나무젓가락은 치악산의 한 옻칠공방에서 가져온 것이다. 손잡이 부분은 굵은 사각인데 끝으로 갈수록 둥글고 날씬하게 뻗어 있어 안정감을 주면서 쥐기에도 편하다. 앞으로 또 얼마 동안 내 손놀림에 장단을 맞추어줄지…. 나는 지난 내 삶과 함께하며 손때 묻은 은젓가락을 찬장 서랍에 넣어 두었다.

숟가락은 옛 것 그대로, 젓가락은 새 것으로 맞이한 식탁. 쇠와 나무의 부조화는 한동안 어색할지도 모른다. 그러나 세상에는 이질적이면서도 서로 조화를 이루어내는 경우는 많이 있다. 놋그릇이 사기나 옹기그릇과 잘 어울리듯. 찬바람 일으키는 미인 같은 은숟가락과 수더분한 머슴 같은 나무젓가락의 질박함이 서로 잘 어울리기를 기대해 본다.

내 젓가락질도 한결 부드러워질 것이다. 정교한 움직임보다 적당히 찢고 자르고, 반찬도 너그럽게 달래게 되겠지. 반찬을 들어 몇 번씩 짜증스럽게 털어내거나 생선가시 발리듯 예리하게 파고드는 버릇도 이젠 버려야 하겠지.

그러나 아내는 여전히 못마땅한 눈치다. 그래서인지 오랫동안 써왔던 은수저를 보라는 듯 계속 쓰고 있다. 아내의 고집스러움을 보면서, 문득 신혼 시절 시골의 허름한 월세 방이지만 화려한 꿈을 키우던 시간들이 떠올랐다. 소박한 밥상이지만 우리의 사랑을 부지런히 퍼 나르던 은수저였다. 서랍에 넣어둔 젓가락을 다시 끄집어내야했다. 아내의 눈치도 봐야 했거니와, 아름다웠던 추억 하나를 폐기하는 것 같은 생각이 들어서였다. 마치 꿈에 부풀었던 삼십 년 현역생활에서 물러났던 내 처지처럼, 일찌감치 뒷방 늙은이 취급을 한 것이 마음에 걸렸기 때문이다. 아직은 멀쩡한 사지를 어두운 공간에 눕히고 은젓가락은 몹시도 근질거렸을 것이다. 그래서 은젓가락과 나무젓가락 둘 다 같이 쓰기로 마음을 고쳐먹었다. 밥을 먹을 때는 은젓가락, 국수나 떡을 먹을 때는 나무젓가락을 쓰면 되는 것을. 각기 그 장점들을 발휘할 수 있도록 쓰지 못하고 이분법적 선택에만 익숙했던 내 고집이 문제였다.

영원한 은수저로 남을 사람이 있을까. 처음에는 화려한 은수저로 출발했지만 어쩔 수 없이 때가 끼고 무디어지게 마련이다. 그러나 그 빛나던 시절로 돌아갈 수 없다고 해서 오늘의 나를 인정받지 못한다면 억울할 것이다. 나는 은젓가락을 수저통에 다시 원대복귀 시켰다. 쨍그랑, 귀대 신고를 하는 소리가 사뭇 경쾌하다.

인내를 상실한 인내심

조영주

저녁나절 친구에게 전화가 왔다. 커피 마시자는 것이었다. 8시쯤 일이 끝날 것 같으니까 다시 전화하겠다고 했다. 일은 8시 10분에 끝났다. 전화를 걸려고 휴대폰을 보자 전원이 꺼져 있었다. 배터리가 다 된 것이다. 얼른 배터리를 갈아 끼우고 친구에게 전화를 걸었으나 받지 않았다. 다시 해보았지만 마찬가지. 휴대폰을 옆에 놓고 티브이를 켰다. 가끔 친구와 말이 엇갈릴 때가 있었다. 나는 분명 8시쯤 다시 전화를 한다고 했는데 8시에 만나자는 걸로 잘못 전달되기도 했다. 이번도 그런 경우인 것 같다는 생각이 들었다. 거기다 휴대폰 전원이 꺼져 있었으니 연락을 취할 수 없었을 것이다. 친구가 전화를 받지 않은 것은 나처럼 휴대폰의 문제가 아니라 '나 화났어'라고 하는 시위였다. 아니나 다를까 5분 후에 휴대폰이 울렸다. 나는 대뜸 "어디야?" 하고 물었다. 되레 왜 전화 안 받았느냐는 듯이.

"집이야. 기다리다 안 나와서 그냥 들어왔어. 8시에 만나재 놓구."

말투가 퉁명스러웠다. 역시나 말이 엇갈렸다. 거기다 전화를 받지 않았으니 얼마나 짜증이 났겠는가.

"8시쯤 전화한다고 했잖아! 알았어."

나의 목소리도 좀 앙칼졌다. 둘은 전화를 끊었다. 시시비비를 가릴 필요가 없는 일이었다. 더 말해봐야 감정만 상한다는 걸 둘 다 알기에 그냥 멈춰버리는 것이 가장 좋은 방법이었다. 전화를 끊고 나서 시계를 보았다. 8시 17분이었다.

8시 17분. 약속시간에서 겨우 17분이 지났을 뿐인데 상황 종료였다. 이게 뭔가 하는 생각이 들었다. 옛날 같으면 그냥 아무렇지도 않게 코리아타임이려니, 하며 기다릴 시간이었다. 겨우 10분을 기다리고 가버리다니, 친구의 인내심이 의심스러웠다.

인내심 부족. 물론 친구는 그런 시간을 참지 못하는 성격인 점도 있지만 그것보다는 요즘의 세태가 아닐까. 단 1분이라도 늦으면, 아니 약속 시간도 되기 전에 손에 들려 있는 휴대폰을 만지작거린다. 그리고 전화를 건다. 상대의 상황을 알기 위해서다. 이번의 경우, 나라면 10분 만에 집에 들어가지는 않았겠지만 역시 친구와 마찬가지로 짜증이 났을 것이다.

예전에 친구 A는 기본으로 이삼십 분은 늦었다. 아주 가끔이지만 한 시간 이상씩도 늦게 나타나곤 했다. 그때는 휴대폰은커녕 삐삐도 없었던 시절이었다. 투철한 시간관념이 아닌, 시간에 이상한 강박이 있었던 나는 늘 약속시간보다 5분 이상 일찍 도착했다.

지하철 공사로 서울 시내의 거의 모든 도로가 파헤쳐져 있을 때였는데도 말이다.

나는 삼십 분까지는 으레 그러려니 책을 보며 기다렸다. 삼십 분이 지나면 '오기만 해봐라' 짜증 섞인 투정을 했다. 하지만 한 시간이 넘으면 '오기만 해라'로 투정이 바람이 되었다. 왜냐하면 무슨 일이 있나 걱정도 됐고, 한편으론 바람맞고 혼자 허탈하게 약속 장소에서 탈출해야 하는 무안 때문이기도 했다. 친구가 안 온 적은 없었다. 인내심 테스트라도 하는 듯이 내 인내심이 바닥나고 차츰 오기가 생길 때쯤 살짝 눈치를 보며 내 앞에 서곤 했다. 이제 나에게도 세월의 더께가 앉았는지 시간에 대한 강박은 무뎌져 조금씩 늦기도 하고 기다리는 인내심도 많이 줄었다. 물론 문명이 내 손 안에 있기 때문인지도 모르지만.

대학 때 남자친구를 놀린 적이 있었다. 그 친구와 나의 집은 서울의 동서로 반대방향이었다. 우리는 주로 명동이나 종로에서 만났다. 그날도 현재의 롯데백화점 본점 앞에서 만나기로 했다. 워낙 통행이 많은 곳이기도 했지만 지하철 2호선 공사로 더욱 복잡한 장소였다. 그는 절대 늦지 않는 나의 시간 강박을 알고 있었고 여자 친구는 몰라도 남자는 10분 이상 기다리지 않는다는 나의 전설을 한 번 당한 탓에 좀체 늦는 일이 없었다.

그런데 그는 10분이 지나도 오지 않았다. 거리 사정이 사정일 때라 가자니 좀 망설여져서 10분만 더 기다리기로 했다. 하지만 그냥 기다릴 수는 없는 일, 나는 버스에서 내리는 모습이 잘 보이는 장소로 몸을 숨겼다. 5분 정도 지났을까, 저쪽에서 그가 헐레벌떡 뛰어오고 있었다. 두리번거리며 나를 찾더니 내가 보이지 않자 낭패한 얼굴로 헐떡거렸다. 내가 나타나자 그의 얼굴이 꼭 천사를 본 듯 활짝 피어났다. 그 표정이 너무 귀여워 볼을 꼬집어 주고 싶었던 기억이 생생하다. 평소보다 길이 너무 많이 막혀 늦을까봐 종로 2가에서부터 뛰어왔다는 것이다.

기다림의 인내. 추억들은 알알이 머릿속을 굴러다니는데 자취를 감춰버린 시대의 유물 취급을 해야만 하다니 여세추이與世推移가 아닐 수 없다. 우리네 손에 휴대폰이 없던 시절, 지하철과 자가용이 없던 시절, 우리의 인내심은 말 그대로 인내할 줄을 알았다. 하지만 요즈음 인내심은 인내하는 속성을 상실하고 말았다. 하여 인내는커녕 재촉이나 하지 않으면 다행이다.

친구의 전화를 받지 못한 것이 내 휴대폰의 배터리 탓만은 아니었다. 친구 또한 휴대폰을 잊고 나왔다는 것이다. 요즘같이 초 단위로 시간이 쪼개지는 시대에 10분이라는 시간은 과연 얼마나 긴 시간일까. 시계도 없이 막연히 기다린 친구의 10분은 얼마만한 시간이었을까. 예전에 내가 기다린 10분은, 한 시간은, 또 얼마의 세월일까.

8시 17분을 가리키는 시계바늘을 보며 나는 왜 인내심과 문명의 이기가 생각난 것인가.

나도 미쳐보고 싶다

강정주

밤이 깊어져서야 델리공항을 빠져나왔다. 꽃향기와 인도의 냄새가 뒤섞인 이국의 묘한 정취. 가이드가 목에 걸어준 금잔화 목걸이를 만져보았다. 인도를 종교와 명상의 나라라고 한다. 오래전부터 그곳에 가서 그런 분위기를 체험하고 싶었다. 그러나 정작 그곳에 가서는 전혀 다른 매력을 경험하고 돌아오게 되었다. 사람이 사람을 사랑한다는 것과 그 열정에 대하여. 타지마할과 그 아름다움에 대하여 많은 생각을 해 보게 되었다.

인도인들은 이목구비가 뚜렷하다. 사리를 걸치고 온갖 장신구로 멋을 낸 인도여인들은 미인이 많았다. 버스에서 내렸을 때 모델같이 쭉 빠진 여인이 나에게 다가왔다. 커다란 눈에 오뚝한 코, 육감적인 도톰한 입술. 코 잘생긴 거지 없다지만 이 여인은 구걸을 하고 있었다. 아기를 가슴에 안고 약간 무표정한 모습으로. 아마도 표정 없는 모습을 지을 때 자신의 매력이 더 발산된다는 것을 안다는 듯이. '인도인들은 거지도 잘 생겼네.' 나는 기꺼이 일 달러를 주었다. 사람들은 아름다움에 끌리게 돼 있다. 꽃이든 사람이든 예술이든.

인도를 여행하며 많은 것을 보았지만 그중 압권은 타지마할이었다. 타지마할은 지구상의 건축물 중 그 아름다움에서 비교될 것이 없다고 한다. 돔 양식의 하얀 대리석으로 만들어져 멀리서부터 그 아름다움에 압도당한다. 17세기 무굴제국의 황제 샤자한은 자신의 사랑하는 아내 뭄타즈 마할이 죽자 식음을 전폐하고 깊은 슬픔에 잠겼다고 한다. 결국 그는 아내를 위한 무덤 타지마할을 짓는다. 황비를 못 잊어 샤자한이 읊었다는 시의 일부분이다.

> 우리가 사랑으로 가슴이 아프고 눈이 멀어 받아야 할 죄라면
> 나는 모든 것을 바치고 혼자 치르고 고독에 떨지라도
> 그대에게만은 사랑의 옷 한 벌 전해 주려고….

22년 간에 걸쳐 세계 곳곳에서 모아온 진귀한 보석과 자재들로, 각국의 건축 명장들을 불러 모아 건축되었다고 하니 사랑의 힘은 참으로 대단하다. 그 결과 그는 국고를 탕진하고 아들에게 황위를 빼앗기고 멀리 타지마할이 보이는 황궁에 유폐되어 말년을 보내게 된다. 그리고 죽은 후 타지마할의 사랑하던 아내 곁에 묻힌다. 사랑한다는 것은 뭔가 정상적인 마음의 상태는 아닌 것이 분명하다. 그러나 그런 미친 듯한 열정이 무언가를 이루게 하지 않는가. 사

랑의 열정이 예술로 승화된 아름다운 건축물 타지마할을 보며 잠시 넋을 잃었다. 그리고 사람이 사람을 사랑한다는 것에 대하여 깊은 상념에 잠겼다.

어느 한 나라가 기억되고 가슴에 다가오는 것은 다른 어떤 것보다 이런 예술의 힘이 아닐까. 할레드 호세이니의 소설 「연을 쫓는 아이」를 읽고 아프가니스탄의 고통을 엿볼 수 있었고, 「예언자」를 쓴 칼릴 지브란으로 인해 레바논이 신비롭게 다가왔었다.

보석의 궁전, 물의 궁전, 바람의 궁전 그리고 여인과 사랑을 나누기 위해 지었다는 사랑의 궁전. 인도를 여행하며 상상을 초월한 이런 아름답고 호화로운 궁전들을 보며 인간 욕망의 끝은 어디일까를 생각했다. 암베르 성으로 가는 언덕길은 코끼리를 타고 갔다. 코끼리의 눈은 작지만 순하고 슬퍼보였다. 무한한 복종. 아마 인도 하층민들의 역사도 절대 권력에 의한 끝없는 착취와 복종의 역사였을 것이다.

무엇인가를 이루려면 그것이 사랑이든 욕망이든 집착이든 열정이 있어야 한다. 함께 인도를 여행한 사람 중에 인상 깊은 한 사람이 있었다. 그는 거칠 것 없이 자유로운 영혼이었다. 여러 면에서 남과 달랐다. 기차역 뒷골목 거지 소굴 같은 곳에 그는 서슴없이 들어가 앉았다. 그곳에서 남루한 남자들이 피우던 담배인지 환각제인지도 모를 것을 얻어 피우는 사람이었다. 마치 그들의 친구가 되고 싶다는 표정으로. 어느 시골 마을에 도착해 버스에서 내렸는데 아이들이 몰려들어 손을 내밀었다. 볼펜이나 먹을 것을 달라는 것이었다. 그는 지폐를 여러 장 꺼내더니 아이들 앞에서 하늘로 던졌다. 아이들은 기쁨의 함성을 지르며 돈을 주웠다. 길거리에서 어슬렁거리는 소들과는 한판 놀이도 서슴없이 하고, 밤새도록 벌어지는 결혼식에 구경 가서는 미친 듯이 춤을 추었다. 어린아이든 어른이든 현지에서 만난 어느 누구와도 친구가 되었다. 승려들을 만나면 마치 오랜 동료인 듯 팔짱을 끼며 사진을 찍고, 기차에 타고는 한판 연설을 해보려다 보수적인 동료 여행객에게 제지당하기도 했다. 그러면 쑥스러워하며 자리에 앉았다. 남이 뭐라던 나는 그가 좋았다. 이렇게 삶에 에너지가 넘치는 사람을 지금까지 본 적이 없었다. 카잔차키스의 「희랍인 조르바」에 나오는 조르바를 연상시켰다. 내적 끌림에 의한 정신의 자유로운 표출! 만나는 모든 사람에게 관심을 표하는 그 열정이 부러웠다.

좋아하다 보면 사랑하게 되고 사랑하면 열정이 생기는 것 아닐까. 요즘 새삼 느끼는 것인데 나이와 열정은 큰 상관이 없나 보다. 아가위수필문학회. 우리들이 존경하는 손광성 선생님이 지어주신 이름이다. '예술은 기술의 가지 위에 핀 꽃'이라며 글쓰기의 본을 열정으로 가르치시는 선생님. 내가 속한 이 모임에서 회원들과 얘기하다 보면 모두 나이가 실종된다. 어렸을 때부터 꿈꾸어 왔던 문학소년과 문학소녀들이 눈을 반짝인다. 회원들의 열정이 생각보다 깊은데 놀라게 된다. 그런데 나만 그렇지 못한 것 같다. 글 쓰는 자세가 진지하지 못하다. 나도 내가 사랑하는 것에 좀 더 깊이 몰입돼야 하지 않을까.

샤자한의 사랑은 타지마할을 역사에 남겼다. 비록 내 사랑의 결과물이 보잘것없더라도 좋다. 열정을 다한다면 후회하지 않을 수 있기에. 아, 나도 미쳐보고 싶다.

건망증 사례 보고

정정근

문우 K가 알츠하이머검사를 받았다고 한다. 비용도 만만찮았지만 과정이 여간 까다롭지 않더라고 했다. K가 받았다는 문항의 몇 가지를 들어보니 완벽하게 통과할 사람이 몇이나 될까 싶다. 나 같은 사람은 테스트 받다가 기가 죽어 더 소심해질 것 같다. 치매에는 노인성알츠하이머와, 뇌졸중이나 뇌출혈로 오는 혈관성치매가 있다는데 K는 그중 알츠하이머 검사를 했다고 한다.

알츠하이머가 노인에게만 오는 병은 아닐 것이다. 하지만 고작 오십대 중반인데다 누구 못잖게 영민한 그녀가 그 검사를 자청했다니 의아했다. 노파심이 지나친 것 아닌가 싶기도 했다. 하지만 당사자는, "마땅한 언어가 생각나지 않아 글 쓰는데 어려움이 많고, 전에 능숙하게 해내던 것들이 자꾸 막힌다"며 여간 심란한 표정을 짓는 게 아니었다. 그런 그녀를 보니 나도 나이 탓만 하고 있을 때가 아닌 듯하다.

자랄 때는 여섯 동기간 중 내가 기억력이 가장 좋았던 듯하다. 해서 어머니는 무슨 계획이 있으면, "총기 좋은 ○○이한테 말해 두는 게 젤 안심이 되여. 너, 그때 되면 엄마한테 꼭 깨두해 줘야 한다." 하셨다. 그러나 언제부터였는지 나도 나를 믿을 수 없게 되었다. 계획만 세워놓고 잊어버리거나, 같은 시간에 두 가지 이상의 일을 못한다는 게 가장 큰 문제다. 메모를 해봤자 보는 것 자체를 잊어버리니 소용없는 일이다.

얼마 전에 여권 연장신청을 하러 구청에 갔었다. 벼르고 별러 간 첫날은 사진을 가져가지 않았고, 미루고 미루어 간 두 번째 날은 비상연락망 번호를 적어야 할 난에서 제동이 걸리고 말았다. 일이 꼬이려고 그랬는지 그날따라 휴대전화를 두고 나선 바람에 집 전화번호도, 남편의 휴대전화번호도, 아들과 며느리의 것도 생각나지 않았다. 통신사와 뒷자리는 통일돼 있으니 중간번호만 기억하면 되는데 부지불식간에 떠올리려니 도무지 깜깜했다.

"나 아무래도 치맨가 봐요."

직원 보기가 면구스러워 희미하게 웃으며 비감한 목소리로 말했다.

"다들 그래요. 요샌 휴대폰에 입력을 해놔서 식구끼리도 못 외우는 사람들 많아요. 노래방 생기기 전에는 곧잘 외우던 가사가 생각나지 않는 것과 같지요. 천천히 생각해 보세요."

직원은 자기 어머니를 생각했는지 위로했다. 옆으로 나앉아 한참을 골똘히 생각하다가 남편 번호인 듯한 숫자를 적어놓았다. 그래도 혹시나 싶어 직원 책상의 전화번호를 적어가지고 나왔다. 아니다 다를까. 전철 속에서 비로소 남편, 아들, 며느리, 집 번호 등이 모두 생각났다.

몇 해 전, 외국에 나가 있는 딸내미 산후조리를 해주고 돌아오는 길이었다. 귀국신고서를 쓰라는데 집 전화번호가 생각나지 않았다. 다른 것이야 옆 사람 것 베껴 쓸 수도 있었지만 그것만은 누구한테 물어볼 사항이 아니지 않은가. 달포 가량 외국에 머물렀었다고 제 집 전화번호를 잊다니. 아무렇게나 적어 내고 멍청한 자신을 자책했다.

깜빡거리는 것은 나이 탓으로만 돌릴 수도 없는 것 같다. 사십 대 초반에는 이런 일도 있었다. 둘째동생네 집에 전화를 했는데 막내가 받았다. 너, 언제 거기 갔느냐 했더니, "우리 집인데 뭘 언제 와?" 하는 게 아닌가. 알고 보니 내가 동생들의 전화번호를 착각했던 것이다. 그날 오후 아들과 가까이 지내는 친구한테서 전화가 왔다. 아들은 전화를 받자마자 폭소를 터뜨렸다. 친구 녀석이 저희 집 전화번호 좀 가르쳐 달라고 했다는 것이다.

나는 때때로 점멸등이 된다. 대중목욕탕 갈 때는 샴푸 · 린스 · 때수건 · 거품수건 · 크림이나 로션 중 무엇을, 속회예배 드리러 갈 때는 속회자료나 헌금 중 무엇을, 강의 들으러 갈 때는 참고서적 · 노트 · 볼펜 중 무엇을, 점심이나 저녁 약속이 있는 날은 식전이나 식후에 먹어야 할 약을 놓고 갈 때도 있다. 냉장고에 무엇을 꺼내러 가서는, '내가 여기 왜 왔나' 하다가 있던 자리로 돌아가야 생각나는 것은 비일비재다.

물건을 사놓고 돈만 주고 올 때도 있고, 자주 만나는 이의 이름이 생각나지 않아 난처할 때는 좀 많았던가. 꼭 가지고 나갔어야 할 휴대전화 · 교통카드 · 아파트 출입카드 · 우산 · 양산 · 모자 · 돋보기 · 돈지갑 중 무엇을 빼놓는 날도 부지기수다. 빨래를 삶다가, 밥을 하다가, 곰국을 끓이다가, 생선을 굽거나 조림을 하다가, 고구마 · 감자 · 옥수수 · 밤 · 떡 · 약초 등을 찌거나 삶다가 못쓰게 만든 주방기구들을 세워 놓으면 내 키를 웃돌 것 같다. 방송경험이 20년 넘은 어느 성우는 생방송하다가, "지금까지 진행에 누구누구였습니다." 해야 할 시간에 자기 이름이 영 생각나지 않더라고 한다. 결국 재치와 순발력을 동원해, "제 이름은 내일 말씀드리겠습니다." 했다나.

나이를 먹으면 누구나 하드웨어가 볼품없어진다. 초연한 척하지만 때때로 울적해진다. 소프트웨어가 망가져 가는 것은 더 비감한 일이다. 나도 K처럼 정확한 검진을 하고 적절한 치료를 받아봐야 할까. 그래서 잠재된 70%의 두뇌를 조금이라도 갈고 닦아, 사라진 기억력에 반딧불이만한 빛이라도 보내볼까.

여긴 빨리 떠나는 게 좋아

김동식

사람들에게 가장 가고 싶지 않은 곳을 대라면 경찰서, 검찰청, 교도소 같은 곳들을 꼽을 것이다. 나는 거기에 더해 병원을 넣고 싶다. 앞의 것들은 옛날이나 지금이나 무관하니 안심해도 될 터이나 병원, 특히 종합병원은 내 뜻에 관계없이 가야할 때가 있을 것이니 걱정이다.

탈장 증세로 종합병원 일반외과를 예약했다. 탈장이라는 병이 흔하진 않지만 걸리면 수술 외에는 치료 방법이 없다. 의사에겐 맹장수술보다 간단해 특진도 없고 일반 전문의에게 맡긴다. 동네 외과에서 할까 하다가 그 놈의 공신력, 명성을 무시 못해 종합병원을 찾았다. 수술예약 후 병원 직원의 안내를 들었다.

"다음 주 목요일 오후에 입원하고 금요일에 수술할 거예요. 목요일 두 시경 입원 통보가 갈 겁니다."

목요일 두 시, 나와 아내, 며늘아기 셋은 조금은 불안정한 모습으로 입원 통보를 대기하고 있었다. 아무리 간단한 수술이라 하지만 수술은 수술이고 더구나 나이가 있는 가장이니 불안한 마음이 왜 없겠는가. 통보 예정 시간보다 두 시간이 지나도록 소식이 없었다. 아내가 병원에 전화를 했다.

"아직 입원실 빈 게 없어 전화를 못 드렸어요. 방 나오는 대로 연락드릴 터이니 기다리세요."

여섯 시가 지나고 여덟 시가 넘었다. 아무 소식이 없었다. 밤 여덟 시 반이나 되어 전화가 왔다.

"방이 났으니 빨리 와서 입원수속을 하세요. 저녁은 미음 정도 드셔야 되는데 알고 계시죠?"

지금이 몇 신데 저녁 얘기를 하나. 저녁은 스스로 알아서 간단히 했으니 다행이었다. 허겁지겁 챙길 것 챙겨서 병원으로 달려갔다. 입원 수속하고, 간호사실에서 간단한 건강 체크와 다음 날 수술 일정, 유의사항을 듣고 병실에 들었다. 병실에서도 피 뽑고, 수술부위 면도하고, 링거 꽂고, 주치의 면담하고 나니 밤 한 시가 넘었다.

하루 종일 기다리느라 지친 데다 밤늦게까지 이런저런 수속절차로 부대끼고 나니 파김치가 되었다. 병원 크기가 어마어마한데 2인실 하나가 안 나와 수술 환자를 지쳐 떨어지게 만드나. 이런 크기, 이것보다 더 큰 종합병원이 서울과 인근에 수십 개도 넘을 터인데 모두 이 모양인가.

아침에 깨어 배고프고 목말라 하염없이 늘어져 있는데 간호사가 들어왔다.

"한 시에서 두 시 사이에 수술 예정이거든요. 물도 한 모금 마시면 안 돼요. 아셨죠?"

옆 침대엔 노인 한 분이 계셨다. 자연스레 말이 오갔다. 84세이고 군 출신이라 했다. 5·16 혁명 후 정부기관의 요직에 있었고 나중엔 개인 사업을 한 적도 있었다고 했다. 연초에 심장 수술로 두 번이나 입원했고 이번엔 눈 수술 예정이라고 했다.

아들과 며느리가 아침에 찾아와 수술실로 모시고 가더니 두어 시간 후에 한 쪽 눈을 가리고 돌아왔다. 잠시 머물던 아들 부부는 "오늘은 둘 다 바빠서 못 와요" 하고 병실을 나갔다. 그들이 아버지를 모시고 사는지 따로 사는지는 모르겠지만 말과 행동에서 갸륵한 효성 같은 건 읽어볼 수 없었다. 늙은 홀아비와 자식의 관계가 사근사근하면 오히려 이상해 보이는 세태가 아닌가.

오후에 간호사가 들어와 옆자리 노인에게 6인실에 자리가 하나 났는데 옮기시겠냐고 물었다. 옮기기로 한 노인의 어깨가 아침에 왕년 얘기를 할 때보다 한층 처져 보였다.

깡총한 환자복에 한 눈은 안대로 가리고 한 손으로 링거 대를 끌며 이사를 했다. 남은 한 손으로 점퍼 하나 나르고 바지 하나 나르고 신발 한 켤레 나르고… 대여섯 번을 같은 모양으로 이삿짐을 날랐다. 내가 좀 도와드리고 싶었지만 나 역시 깡총한 환자복에 링거 낀 모습이었다. 둘이 나란히 옷가지를 들고 왔다 갔다 하는 모습이 얼마나 흉하랴 싶어 그만 뒀다. 하룻밤 한 방을 썼던 인연을 두고 그분은 그렇게 방을 떠났다.

두 시가 넘었는데도 수술실에 가자는 얘기가 없었다. 며늘아기가 간호실에 확인하니 수술환자가 예정보다 밀려 있다고 했다. 네 시, 다섯 시, 여섯 시가 지났다. 두 시경에 마쳐야 할 수술이 아직 끝나지 않아 빈 수술실이 없다는 게 이유였다. 어제는 입원실이 없더니 오늘은 수술실이 없었다.

밤 아홉 시 가까운 시간에 수술환자용 침대를 끌고 직원이 나타났다. 불안했다. 이 늦은 시간까지 담당의사가 퇴근 안 하고 기다리고 있었다는 건지. 의사도 많이 지쳐 있을 텐데 마지막 환자인 나를 제대로 수술할 수나 있는 건지. 다른 필요한 수술요원들도 제대로 다 갖춰져 있는 건지. 응급환자도 아닌데 이런 야간 수술을 감행해야 되는 건지.

입원 수속할 때 사인해 달라는 쪽지가 있었다. '이틀 이내 또는 의사 지시가 있을 때는 그 전이라도 퇴원 수속을 해야 된다'는 내용의 각서였다. 그 귀한 입원실을 기일 이내에 비우기 위해서라도 야간 수술을 감행해야 되는 모양이었다.

수술 준비실은 서늘한 냉방이었다. 홑껍데기 환자복만 걸치고 있는 나를 방치해 놓고 있었다. 이번엔 뭘 또 기다리는 걸까. 춥고, 배고프고, 고독하고, 속상하고, 두렵고… 진정 이곳은 다시 오고 싶은 곳이 아니었다.

시간이 지나며 불안이 엄습해 오기 시작했다. 방치되어 있다는 불안감, 마취나 수술이 잘못되면 어쩌나 하는 두려움, 수술후유증이나 있으면 어쩌나 하는 걱정. 불안은 불안을 낳아 가슴이 뛰고 머리가 터질 것 같았다. 극한 상황에서 인간은 평소엔 소홀히 하던 하느님을 찾아 매달리게 되어 있다.

"하느님 평소에 자주 찾아뵙지 못하고 다급할 때만 이렇게 매달리는 저를 용서하소서. 하기야 죄를 많이 지어 찾아뵐 면목도 없었습니다만, 이제부턴 죄도 그만 짓고 하느님 열심히 찾아 모시고 할 터이니 이번 위기를 무사히 넘어가게 해 주소서. 한밤중 의사나 간호사가 아무리 지치고 피곤해도 완벽하게 수술하게 하소서. 그들이 혹 나를 잊고 방치했다 하더라도 하느님의 힘으로 그들이 내게 와 수술실로 속히 데리고 가도록 해주소서."

덜덜 떨며 오직 하느님만 찾았다. 그 덕인가, 간호사 둘이 들어왔다.

"오래 기다리셨죠. 수술실이 예정보다 늦게 비워져서 죄송하게 되었습니다. 이제 곧 수술실로 갑니다. 30분도 안 걸리는 간단한 수술이니 마음 편히 가지세요."

간단한 수술은 20분도 채 안 걸린 것 같았다. 하반신만 마취를 했으니 정신도 말짱해 의사, 간호사들이 건네는 말소리를 다 들었다. "다 됐어. 드레싱 해" 하는 한 마디를 던지고 의사는 나가버렸다. 감각 없는 하체를 간호사들에게 맡기고 누워 있는 심정을 뭐라고 해야 할까. 안도인지, 불안인지, 허무인지….

이 세상에 간단한 수술이란 없었다. 척추마취하고 아랫배 부위에 4센티미터 정도 절개를 한 수술이었다. 마취가 덜 풀린 허리 밑은 뇌의 통치권이 미치지 않는 제3지역이었다. 아무리 꼬집어보고 쓰다듬어 봐도 내 것이라는 반응이 없었다. 이 마취가 풀리기나 하는 걸까, 안 풀릴 수도 있나.

시간이 지나며 마취가 풀리는 과정도 영 언짢았다. 한동안 다리가 저릿저릿하더니 기다렸다는 듯 통증이 서서히 다가왔다. 몸을 뒤채일 수도, 기침도, 심지어 소리 내어 웃을 수도 없었다. 이것이 어찌 간단한 수술이란 말인가.

낮에 이 방을 떠난 84세의 노인이 생각났다. 내 것과는 비교도 안 되는 심장 수술을 두 번이나 받았다니 어떻게 그 크고 긴 고통을 견뎠을까. 눈 수술의 고통도 만만치 않았을 터인데 쓸쓸히 이사까지 해야 했으니. 이래저래 수술한 날은 뜬눈으로 밤을 지새웠다.

아침 아홉 시경 수술 의사의 의례적인 회진이 있었다. 열 시쯤 간호사가 들어오더니 "의사 선생님이 퇴원하셔도 된다고 하셨어요. 바로 퇴원 수속을 하시죠."

세상에, 몇 달치 방세 밀린 하숙생도 이처럼 쫓아내진 않을 것이다. 아내가 뭐라고 항의하려는 것을 말렸다.

"여긴 빨리 떠나는 게 좋아. 그리고 다신 안 오는 게 더 좋아."

쫓기듯 병원을 나서며 병원 건물을 올려다봤다. 어마어마한 크기를 뽐내고 있었다. 병실도, 수술실도 제대로 없어 환자와 가족의 마음을 졸이게 하던 매머드 종합병원은 아무 일도 없다는 듯 시치미를 뚝 뗀 모습으로 먼 남쪽 하늘만 바라보고 서 있었다. 그 요지부동의 무표정에 손을 흔들며 중얼거렸다.

"부득이 신세졌네. 다신 그대 신세 안 지고 살았으면 좋겠어."

특별한 숟가락

강태홍

어떤 의미에서 숟가락은 일상생활의 도구 중에서 가장 중요한 것인지도 모른다. 숟가락의 종류가 그렇게 많은 것도 그 때문이 아닐까. 모양에 따라, 크기에 따라, 수십 가지가 넘는다. 그중에서도 우리 가정에서 흔히 쓰는 숟가락은 스테인리스 숟가락과 은수저를 꼽을 수 있다. 내가 수시로 쓰는 숟가락은 스테인리스로 만든 막숟가락이다.

그것은 우선 볼품이 없다. 그러니 무슨 매력 같은 게 있겠는가. 몸통은 투박하고 길쭉하다. 가식이나 허세로 치장하지도 않는다.

바닥에 떨어뜨려도 상하거나 깨지지 않고 소리만 낼 뿐이다. 펄펄 끓는 국에 넣어도 뜨겁다고, 얼음에 닿아도 차다고 불평하지 않는다. 어떤 역경에도 잘 견딘다. 그래서 마음이 편하다. 사람도 편한 이가 부담스럽지 않아 자주 보듯 어떤 다른 숟가락보다 나는 자주 막숟가락을 든다.

그에 비하여 은수저는 성깔이 까다롭고 예민하여 제게 맞지 않는 것에 닿으면 순식간에 시커멓게 얼굴색이 변해버린다. 막숟가락에는 한 번도 약을 바른 적이 없지만, 은수저는 수시로 닦아 윤을 내야 한다.

이른 새벽 일어나면 나의 발걸음은 저절로 부엌으로 향한다. 식구들의 식사를 마련하기 위해서다. 오늘도 영락없이 수저통에서 제일 못생긴 막숟가락을 꺼낸다. 이것만 있으면 음식을 만들어내는 손이 잽싸게 움직이고 마음은 부족함이 없다. 장독대로 향한다. 항아리에서 된장을 한 숟가락 뜨고 자국 난 자리를 막숟가락으로 편편하게 눌러준다. 어떤 이물질도 못 들어가게 막는 방법이다. 표면은 금세 매끈하고 윤기가 흐른다. 시어머니께서 늘 새벽마다 막숟가락으로 된장 항아리를 다독여주던 모습이 보이는 듯했다. 된장 한 숟가락을 푹 떠서 국거리에 넣어 풀고는 휘저었다. 남편이 좋아하는 된장국이 끓으면 마늘과 파 양념을 넣는다. 그럴 때마다 막숟가락이 저울과 같은 역할을 한다. 그뿐 아니라 반찬을 만들 때 으레 소금, 간장, 고춧가루도 같다. 끓는 국물을 떠서 혀를 통해 간을 맞추는 일도, 때로는 볶음 반찬을 뒤적일 때도 반찬 가짓수가 많을 때는 씻어서 쓰고 또 씻어서 쓴다.

어쩌면 막숟가락은 아무 할 일이 없이 지내는 은수저가 부러울 수도 있겠다. 아무렇게나 싱크대 위에 놓여 있거나 냄비에 꽂힌 채 천하게 굴리는 막숟가락과는 다르게 언제나 고고한 품위를 지닌, 하얀 얼굴에 긴 손잡이의 은숟가락은 젓가락과 함께 식탁에만

놓인다. 좋은 재질로 한껏 색을 덧칠하고 福, 壽 글자를 넣은 은수저는 세상에서 태어날 때부터 상층과 하층이 구별된 듯 막숟가락과는 하늘과 땅만큼이나 신분의 차이가 나 보인다. 맘껏 단장한 은숟가락은 식탁 위에 젓가락과 함께 날렵하게 놓여 손님들이 자기를 선택하기를 기다린다. 그 자태가 마치 계집이 남정네를 기다리는 것과 같다. 이런 은수저는 스무 벌도 넘지만, 평상시에는 잘 쓰지 않는다. 그것들은 예쁜 수저 집에 깊이 넣어두었다가 귀한 손님이 올 때만 세상 밖을 볼 수 있다. 귀한 손님에게만 보이니 귀한 몸일 터.

예전에는 열 벌, 스무 벌 은수저가 교자상에 떡 버티고 있으면 사람들이 감탄했다.

"어머, 예쁘다. 어디서 맞췄어요?"

이제는 손님을 초대해도 음식점에서 대접하니 많은 은수저는 세상 구경조차 못하고 별수 없이 캄캄한 어둠 속에서 나날을 보낸다. 영광의 뒤안길에서 쓸쓸히 지내는 노인과도 같다. 금값이 천정부지로 솟아오르는 요즘 은수저도 덩달아 비싸져서 좀 더 깊고 어두운 곳에 숨어 있다. 아무리 귀해도 쓸모없는 신세가 되어버렸으니 이제 은수저는 없애버려야 할 것 같다.

사람들은 편한 삶을 원하지만, 나이가 들어갈수록 왕성하게 일하는 것이 무엇보다 귀중하다는 것을 알게 된다. 아무 일도 하지 않는 것은 스스로 자신을 부재로 만드는 것이다. 어느 누구에게나 보다 필요로 하는 존재가 더 가치 있다. 어느 곳에서든지 자신의 자리에서 인정받고 일할 때 의욕이 생기고 신바람 난다. 또한 능력이 향상되고 성취감을 갖게 된다.

아플 때나 슬플 때 즐거울 때 나와 함께한 사십 년 동안 언제나 같은 자리에서 묵묵히 일하는 충직한 몸종 같은 막순가락, 어느덧 정이 들어 이제 나와는 뗄 수 없는 사이가 되었다.

마음에 새긴 한 마디

- 손광성 선생님 강의록 중에서

수필가의 자세

1. 隨筆은 修筆이다. 붓을 닦는 것, 즉 자기수양이다. 득도하지 못하면 수필은 잡기가 된다. 대상과 주제를 어떻게 볼 것인가. 어떻게 해석할 것인가. 집필과 퇴고 단계를 거치는 과정은 도를 닦는 자기 수양의 과정이다.

2. 작가는 모험가가 되어야 한다. 남이 안 보고 못 보는 것을 보고 찾아야 한다. 나 아니면 아무도 못 쓸, 남이 안 쓰는 소재를 찾으라.

3. 내 주변의 사소한 것들을 사랑하라. 자세히 들여다보라. 수필은 바로 거기에서 나온다.

4. 작가는 최전방에서 싸우는 사령관이다. 단어 하나하나가 병사이고 문장 하나하나가 부대이다. 어떤 부대를 어디에 배치하느냐에 따라 승패가 갈린다.

5. 글은 곧 그 사람이다. 억지, 과장, 미화하면 결국 들키게 된

다. 글을 쓸 때 겉멋을 부리지 말라. 글은 꾸미는 순간 시들어 버리고 진솔한 데서 빛이 난다

6. 수필에서 지적 허영은 금물이다. 자기 지식을 과신하지 말라. 사실 여부를 항상 확인하라.

7. 자기가 보고 싶은 것만 보고 글을 쓰는 사람은 편견에 사로잡히게 된다. 글을 쓰는 사람은 보편성을 잃어서는 안 된다.

8. 예술가는 지나친 종교적 도그마, 윤리적 가치를 강조해서는 안 된다. 예술적 심미안으로 통찰하고 독자에게 기쁨을 주라. 그렇다고 방종하라는 뜻은 아니다. 그러나 양보할 수 없는 최후의 선택 한 가지를 고르라면, 예술가는 美를 택한다.

9. 한국 수필의 큰 문제 중 하나는 작가들의 문장공부가 제대로 되어 있지 않다는 사실이다.

10. 쓰지 않고는 배길 수 없는 절실함으로 글을 쓰라.

수필의 이해

1. 수필은 일상의 철학, 수필가는 일상의 철학자이다.

2. 문학은 중력(일상)을 탈출해야 한다. 상식 위에서 상식을 뛰어 넘는 순간 문학의 세계가 열린다.

3. 문학은 결핍에 대한 보상이다. 그것은 세계적인 작가들의 생애를 통해서도 알 수 있다. 문학은 성공한 자의 편이 아니며 가진 자의 편이 아니다. 실패한 자, 가난한 자, 약한 자의 편이다.

5. 문학은 칼등으로 쳐서 사회를 고발하는 것이지 칼날로 치는 것이 아니다.

6. 문학은 지식과 정보 전달이 아니라 정서와 감동을 전달하는 것이다. 문학의 목적은 미적 감동에 있다.

7. 가장 문학적인 것은 가장 인간적인 것이다.

8. 문학에는 열등한 장르가 없다. 다만 다를 뿐이다. 시 아니면 표현할 수 없는 영역이 있듯이 수필은 수필만이 표현할 수 있는

영역이 있다.

9. 허구(소설적 허구)와 상상력은 다르다. 혼동하지 말라. 수필도 상상력으로 쓴다. 그러나 수필에서 허구를 도입하면 정체성이 무너진다. 수필의 힘은 진정성에 있다. 그것이 수필의 생명이다.

10. 모든 문학 장르는 나름의 단점이 있다. 그 단점이 때로는 그 장르의 장점이 되기도 한다.

수필쓰기의 전략

1. 글을 쓸 때는 대상 사물의 본질을 파악해야 한다. 그렇지 못하면 상식선의 수박 겉핥기가 되고 지적 쾌감을 주지 못한다. 즉, 연장을 준비하지 않고 글쓰기에 덤비지 말라.

2. 수필 한 편 쓰는 데도 작전계획(구성)이 필요하다. '붓 가는 대로'란 말은 자연스럽게 쓰라는 뜻이다.

3. 원관념과 보조관념이 이질적일 때 효과가 크다. 비유의 근본 원리는 전혀 다른 두 이미지를 충돌시켜 상승효과를 얻는 것이다.

4. 창작은 대상과 주체와의 관계이다. 대상을 막연하게 보지 말라. 함목적으로 보라. 그리고 대상을 지나치게 윤리적으로 보지도 말라. 객관적으로 바라보라. 특히 美的 관점에서 보라. 대상을 미화하지 말라. 신격화하지도 말라.

5. 수필은 소설보다 시에 가까운 장르이다. 시 공부를 많이 해야 시적 형상화가 가능하다.

6. 종교, 윤리, 사회적 이슈만이 중요한 소재는 아니다. 국가적인 거창한 이데올르기가 과거의 주된 관심사였다면, 현대인의 관심사는 개인적인 문제, 사소한 일상과 같이 세부적인 감각으로 그만큼 세련되어 있다. 문화가 세련될수록 섬세함이 요구된다.

7. 좋은 소재를 함부로 다루지 말라. 같은 고기로 만 원짜리 요리를 만들 것인가 십만 원짜리 요리를 만들 것인가. 그것은 작가의 몫이다.

8. 글을 쓸 때 세상을 너무 아름답게만 보지 말라. 더럽고 추한 것도 볼 수 있어야 한다.

9. 감정을 여과시켜라. 수필은 속울음으로 쓰는 것이지 통곡이 아니다.

수필쓰기의 실전

1. 제목과 주제가 일치해야 좋은 수필이다.

2. 미적 감동을 극대화하라. 가장 감동적인 사건은 글의 2/3 지점에 배치하라. 코스요리의 메인이 2/3 정도에 있듯. 재료가 아무리 좋아도 구성이 좋아야 효과가 있다.

3. 서두에서 너무 긴장하지 말라. 큰 욕심을 부리지 말라. 쉽게 들어가라. 서두 쓰기가 어려울 때는 본문부터 쓰고 나중에 쓰라.

4. 언어만큼 유행을 타는 것도 없다. 상투적인 말은 진부하다.

5. 문장을 낭창거리게 하라. 뻣뻣한 문장, 설명하는 문장은 죽은 문장이다. 글을 쓴다는 것, 결국 문장과의 싸움임을 잊지 말라.

6. 문학도 경제 원칙을 따라야 한다. 불필요한 말을 버리라. 최소한의 어휘로 최대한의 감동을 끌어내야 한다.

7. 정서적 문장은 아버지의 언어가 아니라 어머니가 쓰는 언어가 제격이다. 문학의 가장 훌륭한 용어는 아줌마들이 쓰는 일상어이다.

8. 극적 상황은 단문으로 하라. 그래야 긴장감을 살릴 수 있다.

9. 글은 일직선으로 가면 재미가 없다. 산책하듯, 즉 독자가 길을 놓치지 않을 범위 내에서 왔다 갔다 할 수 있는 것이다. 수필의 글맛, 문학의 기술을 터득하라. 기술의 극점에서 예술이 시작된다.

10. 문학작품은 수학보다도 더 수학적이다. 수학은 논리다. 글의 논리성이 떨어지면 지리멸렬하다. '붓 가는 대로'라는 인식부터 바꾸라.

11. 반전의 묘미를 살리라. 야구에서 9회 말 역전은 언제나 관중을 흥분시킨다.

12. 훌륭한 제1의 독자를 확보하라. 자신의 글을 객관화할 수 있기 때문이다. 합평회도 큰 의미에서 객관적인 독자의 소리를 듣기 위함이다.

편집장 레터

우리는 '3 · 6 · 9, 3 · 6 · 9'를 해도 30까지 가보지도 못하고 번번이 처음부터 다시 해야 합니다. '내 발바닥 곰발바닥'도 혀가 꼬여 세 사람을 넘지 못하고요. 그렇지만 신발 멀리 던지기는 아주 힘껏 던지지요. 몸에 지닌 물건 이어 길게 만들기를 하면 아담의 첫 의상 빼고 다 풀어놓기도 합니다. 그리곤 모래바닥에서 뒤집어졌던 이야기를 일 년이 지나도록 싫증내지 않고 하고 또 하지요. 우리끼리는 '군대에서 축구한' 이야기 이상이지요.

두 번 만났을 뿐인데도 막걸리 몇 통에 수십 년 살아온 서로의 인생을 다 알게 됩니다. 한껏 치장하고 와서는 자신의 글을 읽다가 눈물을 펑펑 쏟고, 들으면서 같이 웁니다.

한 발짝 밖에서 본다면, '좀 이상한 어른'들입니다. 심하게는 유치하다고 할지도 모르지요.

그런데 입꼬리 착 내리고 근엄한 척, 고상한 척 한다고 우리만큼 행복할까요? 사람 고플 일 없고, 하고 싶은 말 포장할 일 없고, 집에 돌아가 실수 없었나 곱씹을 일 없는 모임이 '아가위수필문학회'입니다.

딱 그만큼의 마음들을 모았습니다. 따뜻하고 소박한 일상 이야기입니다. 잘 한다고 자신할 수는 없어도 좋아하는 일을 할 수 있어 즐거운 사람들의 이야기입니다.

초등학교 때 오락부장 외엔 완장을 차본 적 없는 편집장이 창간호를 맡아 그 권력의 맛에 빠져 시간을 좀 오래 끌었어도 타박하기는커녕, 시력 떨어졌다 당 떨어졌다 공치사할 때마다 앞 다퉈 맥주 사주신 여러분들, 맥주잔에서 올라오는 기포 수만큼 사랑합니다.

책을 만들 동안 아주 행복했습니다. 이 행복은 전염성이 강해서 끝까지 읽어주신 독자들에게도 전해졌으리라 믿어요. 어, 벌써 2호가 기다려지신다고요? 실망시키지 않도록 바로 준비하겠습니다.

편집부에서 드림

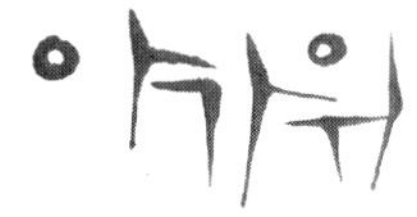

창간호 / 2012

1판 1쇄 인쇄/ 2012년 8월 20일
1판 1쇄 발행/ 2012년 8월 25일

지은이　아가위수필문학회
편집장　이혜숙
편집위원　김동식 · 강태홍 · 최장순 · 김소희 · 배경령

펴낸곳 / 도서출판 소소리
등록 / 제300-2007-21호
주소 110-521 서울 종로구 혜화로 35길 경주이씨빌딩 302-1호
전화 / 765-5663, 766-5663(Fax)
e-mail: sosori39@hanmail.net
www. sosori.net

ISBN 978-89-97294-13-8　03810

*잘못된 책은 바꿔드립니다.　값 12,000 원